KB067239

_____ 님의 소중한 미래를 위해

이 책을 드립니다.

더 나은 나는
매일의
작은 습관으로
만들어집니다

내 인생을 변화시키는 작은 습관의 힘

더 나은 나는 내일의 작은 습관으로 만들어집니다

장근영 지음

메이트북스

메이트북스 우리는 책이 독자를 위한 것임을 잊지 않는다.
우리는 독자의 꿈을 사랑하고,
그 꿈이 실현될 수 있는 도구를 세상에 내놓는다.

더 나은 나는 매일의 작은 습관으로 만들어집니다

초판 1쇄 발행 2023년 9월 19일 **|** **지은이** 장근영
펴낸곳 (주)원앤원콘텐츠그룹 **|** **펴낸이** 강현규·정영훈
책임편집 남수정 **|** **편집** 안정연·박은지 **|** **디자인** 최선희
마케팅 김형진·이선미·정채훈 **|** **경영지원** 최향숙
등록번호 제301-2006-001호 **|** **등록일자** 2013년 5월 24일
주소 04607 서울시 중구 다산로 139 랜더스빌딩 5층 **|** **전화** (02)2234-7117
팩스 (02)2234-1086 **|** **홈페이지** matebooks.co.kr **|** **이메일** khg0109@hanmail.net
값 17,000원 **|** ISBN 979-11-6002-411-1 03190

삶이 달라질 수 있는
단 하나의 열쇠는 바로 습관이다.

• 그레첸 루빈(습관 전문가이자 베스트셀러 작가) •

차례 **>>>**

1장 ——— 습관이란 무엇인가?

2장 ——— 게임을 통해 이해하는 습관의 구조

3장 ——— 나쁜 습관은 왜 지우기가 어렵나?

4장 ——— 나의 뇌가 좋아하는 습관 전략 세우기

ROUTINE

한심한 습관의 구렁텅이에서
어떻게 벗어날 것인가!

자신이 쓴 책을 주변 사람들에게 선물하는 건 모든 저자의 즐거움이다. 나 역시 지금까지 내가 쓴 책을 늘 자랑스럽게 내 가족과 친구들에게 선물해왔다. 하지만 이 책에 대해서는 그렇게 하지 못할 것 같다. 나를 잘 아는 사람일수록 이 책의 주제와 저자의 실제 삶 사이에 벌어져 있는 거대한 이율배반을 비웃을 것이 분명하기 때문이다. 내가 이 주제로 책을 쓴다고 말했을 때 내 아내의 반응이 바로 그랬다. "당신이 진정 양심이 있다면…"으로 시작하는 비난 말이다.

나는 습관에 있어서 모범이 될 만한 사람은 아니다. 오히려 닮지 말아야 할 사람에 가깝다. 내가 가진 습관 중에서 그나마 타인에게 추천할 만한 습관은 몇 되지 않는다. 이 책에 소개한 것들이 전부라고 봐도 된다. 우리나라에서는 어느 정도 인정받는 신촌 소재 대학에 입학해서 심리학 박사학위도 받고, 국책연구기관의 연구원으로 간신히 앞가림을 하고 있지만, 그 모습마저도 별로 모범적이라 할 수는 없다. 나쁜 습관들이 아니었다면 어쩌면 지금보다 상당히 더 나은 존재가 되어 있었을지도 모른다고 가끔 생각한다.

그런 내가 이 책을 쓰고 있다. 처음 청소년들을 위한 습관 책을 쓸 때만 해도 습관에 대한 책을 하나 더 쓰게 될 줄은 몰랐다. 이 뻔뻔한 행동에 대해 굳이 변명을 하자면, 이 책은 나쁜 습관의 폐해와 좋은 습관의 효과를 전부 경험해본 심리학자의 체험 보고서에 가깝다. 안 좋은 습관으로 가득한 내가 꽤 만족스러운 대학·대학원 생활도 하고 연구자 시늉을 내는 것도 대부분은 좋은 친구와 선후배의 덕분이지만 일부는 그 몇 가지 좋은 습관의 덕이기도 하다. "내가 해봐서 아는데…"라는 서두가 별로 좋은 뜻으로 사용되지 않지만 적어도 나는 습관에 대해서 누구보다도 이 관용구를 많이 사용할 수 있다.

그렇게 한심한 습관의 구렁텅이에서 어떻게 가끔씩 벗어나서 그나마 이렇게 제 앞가림을 할 수 있게 되었는지를 돌이켜보면, 적어도 나와 비슷한 처지의 동료들에게 뭔가 할 말이 발견되는 것이다. 특히 나처럼 간신히 자기 앞가림을 하는 사람들이 종종 경험하는 자존감의 위기상황에 대처하기 위한 멘탈 습관은 진정으로 경험에서 우러나온 것들이다.

습관에 게임 이야기를 넣은 것은 게임 이용자이자 게임 연구자로서 '게임 시스템의 원리는 학습심리학과 습관형성의 원리와 일맥상통한다'는 사실을 발견했기 때문이다. 나는 학교가 게임을 무시하거나 금지할 것이 아니라 미래 교실이 나가야 할 길을 게임에서 찾아내기를 바란다. 게임은 그만한 잠재력을 가지고 있다. 그리고 내가 여기에 사용한 '게임 중독'이라는 표현은 '소셜미디어 중독' 혹은 '스마트폰 중독'과 같은 맥락이다.

우리에게 주어진 자유와 가능성이 커질수록 우리의 삶이 삐끗할 가능성 역시 다채로워진다. 이런 환경에서 자신을 지키기 위해서는 내 삶의 지속성과 균형을 유지하는 습관을 만들고 유지해야 한다. 이런 현대인의 삶에 이 책이 아주 작게나마 도움이 되기를 바란다.

이 책을 쓰는 데는 출판사의 인내심뿐만 아니라 주변의 많은 도움이 있었다. 우선 좋은 습관의 모범을 보여준 친구와 동료들이 있다. 내가 얼마나 그들에게 감탄하며 감사하는지 전하고 싶다. 그리고 늘 내 첫 번째 동료이자 관리자 역할을 해주는 아내에게 감사한다. 이들은 모두 어설프고 모자란 내가 지금까지 버티게 해준 지지대들이다.

장근영

ROUTINE

1장

습관이란
무엇인가?

파레토의 법칙**Pareto Principle**이 있다. 전체 결과의 80%가 전체 원인의 20%에 의해서 만들어지는 현상을 말한다. 원래는 17세기 이탈리아의 경제학자 파레토가 발견한 "상위 20%가 전체 생산의 80%를 만들어낸다"는 사실에서 시작되었고, 이후 많은 사회현상이 이런 모습을 보이는 것으로 밝혀졌다.

이는 우리 인생에서도 마찬가지다. 우리는 스스로 나아지기 위해서 큰 목표를 세우고 힘들게 노력한다. 그러나 우리 삶에는 그런 노력보다는 그저 습관적으로 반복하는 사소한 행동이 더 큰 영향을 미친다. 주변에 그런 사람들 있지 않던가. 좋은 사람이 되려는 마음은 가득하지만 말버릇이나 행동거지가 그것과는 거리가 먼 사람들 말이다. 그들이 어떤 사람인지를 결정하는 건 그들의 의지가 아니라 그들의 '습관'이다. 안타깝게도 그런 사람들일수록 자신이 실제로 어떤 말을 내뱉고, 어떻게 행동하는지를 잘 의식하지 못한다. 그것이 습관이기 때문이다.

실제로 습관은 당사자에게는 별로 눈에 띄지 않는다. 습관 자체가 생각 없이 저절로 이루어지는 행동이기 때문이다. 그리고 습관은 그 자체가 효율적이고 자동적으로 진행되기 때문에 바꾸기도 쉽지 않다. 그러나 그렇게 작고 조용하게 작동하는 습관이 결국에는 당신의 삶을 결정짓는다. 그게 무엇이든 결과를 만들려면 행동을 해야 하는데 습관은 바로 그 행동의 반복이기 때문이다. 습관은 백그라운드 프로그램처럼 당신이 일상생활을 하는 동안 의식하지 못하는 무대 뒷면에서 계속 작동하면서 당신의 생각과 능력에 영향을 미치고, 장기적으로는 당신의 삶을 만들어간다. 좋은 습관을 가진다는 것은 당신이 가진 자원을 더 효율적으로 사용할 수 있는 지원 프로그램을 작동시킨다는 뜻이다. 반면에 나쁜 습관을 가지면 당신이 발휘할 수 있는 능력을 제대로 쓰지 못하게 된다.

좋은 습관과 나쁜 습관, 처음에는 둘 간의 차이가 크지 않아 보인다. 재능이나 환경 여건에 따라 쉽게 뒤집을 수 있을 것처럼 보인다. 그러나 시간이 흐르고 습관이 만들어낸 결과물들이 쌓일수록 그 격차는 뚜렷해진다. 습관은 지금 이 순간에도 당신의 현재와 미래를 만들어가고 있다. 흔히 환경에 따라 인생이 달라진다고 한다. 그러나 같은 환경에서도 어떤 습관을 만드느냐에 따라 인생은 충분히 달라질 수 있다.

습관이
미래를 결정한다

습관은 선택을 반복해서 미래를 확정해가는 과정이다. 습관은 지금도 당신 몰래 당신의 미래를 차곡차곡 결정해가고 있다.

당신의 지금 행동이
당신의 미래를 결정한다

SF 영화 〈콘택트〉는 느닷없이 지구를 방문한 외계인과의 만남을 다룬 작품이다. 영화 속 외계인들은 과거와 현재와 미래를 동시에 인식할 수 있는 능력이 있다. 주인공인 언어학자는 외계인들과 소통하면서 외계인의 능력을 습득하게 된다. 그리고 그 능력을 이용해서 세계 평화를 지키지만 동시에 자신의 미래에 닥칠 비극도 미리 알고는 갈등에 빠진다.

이 영화의 원작은 테드 창이라는 작가의 유명한 SF 소설인 『당신

인생의 이야기』다. 저자는 '언어는 생각의 도구'라는 점에 착안해 만약 시간의 흐름과 무관한 언어 체계를 사용하는 존재가 있다면 그들은 시간을 초월한 인지능력을 가질 수도 있을 것이라고 상상했다.

그렇다면 우리도 이런 외계인의 언어를 알아야만 미래를 알 수 있을까? 그렇지 않다. 사실 우리 인생에는 선택을 하는 순간에 이미 그 결과가 정해지는 것들이 많다. 옛날 만화 『북두의 권』에 나오는 유명한 대사 "너는 이미 죽어 있다"처럼 어떤 선택은 그 순간에 이미 결말이 정해진다. 단지 그 결말이 언제 어떤 형태로 올지 모를 뿐이다. 확정된 결과가 한참 뒤에 올 수도 있고, 금세 찾아오기도 한다. 그래서 우리는 그 결말을 알면서도 모르는 척할 수 있다.

예를 들어 당신이 새벽 4시에 잠들었다고 치자. 그 순간에 이미 내일 아침은 피곤하고 멍한 상태로 시작될 것임이 결정된 것이다.

마찬가지로 오늘 밤에 야식을 잔뜩 먹는다면 속이 더부룩하고 불쾌한 아침을 예약한 셈이다. 반면에 배 속이 허전한 상태로 잠자리에 들었다면 다음 날 아침은 가벼운 몸으로 시작할 것이다.

처음 만난 누군가에게 조금이라도 친절과 양보를 베풀었다면 다시 그 사람을 만났을 때 그의 호의를 기대할 수 있다. 하지만 거짓말을 했다면 그를 다시 만났을 때 곤란한 상황이 벌어질 것이다.

마찬가지로 오늘 해야 할 일을 하지 않으면 내일 더 많이 바빠질 것이고, 그 일을 미리 해놨다면 조금이라도 더 여유로운 내일이 기다릴 것이다. 당신의 지금 행동이 당신의 미래를 결정하는 것이다.

같은 행동을 반복할수록
결말은 더 확실하게 결정된다

물론 모든 행동이 반드시 그에 상응하는 결과를 가져오지는 않는다. 가끔은 아무것도 하지 않고서 예상하지 못한 좋은 결과를 얻을 수도 있고, 나쁜 결과를 가져올 행동을 했어도 그런 결과 없이 지나가기도 한다. 특히 단 한 번만 하는 행동은 우연에 의해서 결과가 달라지는 경우가 많다.

만약에 누군가 딱 한 번 술을 마시고 운전을 한다면 그는 교통경찰에 적발되지 않을 수 있고, 아무도 다치지 않고서 무사히 목적지에 도착할 수도 있다. 거짓말도 몇 번 정도는 어떻게든 대충 넘어가기도 한다. 여러분이 아주 젊고 정말 컨디션이 좋다면 야식을 먹고도 다음 날 멀쩡할 수 있다.

하지만 같은 행동을 반복할수록 결과는 명확해지고 필연적이 된다. 음주 운전이 반복되면 언젠가는 반드시 누군가를 죽이거나 다치게 할 것이다. 거짓말도 반복하면 응징을 벼르던 사람을 만나게 될 것이다. 야식도 반복해서 먹다 보면 아무리 젊어도 체중이 늘고 혈관은 굳어질 것이다.

담배 한 개비는 피워도 그만, 안 피워도 그만이다. 그 한 개비만으로는 내 몸에 별다른 일이 일어나지 않는다. 매일 영어 단어 하나씩 외운다면 처음 며칠 동안은 아무런 차이가 없다. 단어 하나 더 안다

어떤 습관을 가지느냐에 따라 도달하는 결말은 확정되어 있다.
언제 그곳에 도착하는지를 모를 뿐이다.

고 인생이 바뀔 리 있겠나. 하지만 그런 하루가 1주일 2주일, 한 달 두 달 쌓이면 반드시 변화가 일어난다.

모든 행동은 결말을 예정한다. 그리고 그 행동을 반복할수록 결말은 더 확실하게 결정된다. 당신이 부상을 입지 않고 매일 운동을 하면 결국은 몸이 그 운동에 적응해 바뀌게 되어 있다. 단지 언제, 어떤 형태로 바뀔지는 사람마다 다를 뿐이다. 마찬가지로 매일 어떤 주제에 대한 정보를 읽고 생각하는 시간을 30분씩이라도 가진다면 시간이 지날수록 당신은 그 주제에 대해서 잘 아는 사람이 되기 마련이다. 물론 그렇게 되는 시점은 사람마다 다를 것이고, 결론 역시 사람마다 다르겠지만 말이다.

습관을 만드는 건 아주 작은 선택이다

좋은 선택을 하고, 그 선택에 따른 행동을 무의식적으로 반복하면 우리 삶은 좋은 방향으로 갈 수밖에 없다. 작지만 나에게 나쁜 행동을 반복하면 아무리 좋은 환경이 주어져도 그 사람의 인생은 결국 나쁜 방향으로 가게 된다. 그러니까 좋은 행동을 반복해야 한다.

반복하는 행동이 습관이다. 습관은 선택을 반복해서 그 결말을 더욱 명확하게 만들어가는 과정이다. 그게 좋은 결과이든 나쁜 결과이든, 습관을 통해서 반복된 선택은 결말을 확실하게 다져놓는다. 그 습관을 만드는 건 아주 작은 선택이다. 그 선택이 행동으로 이어지고, 그 행동이 반복되면 습관이 된다.

지금 이 순간에도 당신의 습관은 열심히 일하고 있다. 반복되는 행동을 통해서, 눈에 보이지 않지만 차곡차곡 당신의 미래를 만들어가는 중이다.

습관은 나를
프로그래밍하는 것

완성된 습관은 당신의 지능이나 능력과는 무관하게 작동한다. 당신의 습관은 당신 몸속에 숨겨진 자동 프로그램이다.

사실 우리도 훈련의 효과를
많이 경험했다

영화 〈잭 리처〉에서 탐정인 주인공 잭 리처(톰 크루즈 분)가 범행 현장을 살펴보고는 이런 말을 한다. "군대의 저격수 훈련과정은 전술을 강제적으로 주입, '생각'할 줄 모르는 평범한 병사도 괜찮은 저격수처럼 '행동'할 수 있도록 만들어준다."*

---

* 잭 리처가 이 말을 한 이유는 '살펴본 범행 현장이 훈련받은 평범한 저격수조차도 저지르지 않을 온갖 실수들로 점철되어 있는 걸 보니 아무래도 조작된 것으로 의심된다'는 뜻이었다.

흥미로운 이야기다. 훈련은 습관을 만들어내는 대표적인 방법이다. 그런데 그 훈련의 결과, 훈련생들은 자신의 지능이나 사고력과는 상관없이 가장 효율적인 행동 방법을 습득하게 된다는 것이다.

사실 우리도 훈련의 효과를 많이 경험했다. 입시학원 교육은 어떻게 보면 시험문제를 빨리 푸는 훈련이다. 그래서 같은 공부량으로도 학원 교육을 받기 전보다 더 많은 시험문제를 더 빨리 풀 수 있게 된다. 마찬가지로 달리기도 체계적인 훈련을 받고 달리면 좀 더 적은 에너지로 더 빠르고 오래 뛸 수 있게 된다.

요즘 주변에서 많이들 받는 코칭들의 요점도 마찬가지다. 내가 가진 능력을 더 효과적으로 사용하게 해줄 것이라 믿기 때문에 코칭을 받는 것 아닌가.

그 모든 훈련의 목표는 똑같다. 좋은 습관을 심어주는 것이다. 저격수 훈련은 똑똑한 저격수처럼 행동하는 습관을 심어준다. 입시 교육은 똑똑한 수험생처럼 시험문제를 푸는 습관을 심어준다. 달리기 훈련은 자기 순발력과 체력을 가장 효과적으로 사용하는 습관을 몸에 심어준다. 그 훈련이 잘 설계되어 있고 제대로 이루어진다면, 여기서 습득한 습관을 통해 우리는 더 효과적으로 행동하게 된다.

다시 말해 습관은 우리에게 기술^{skill}이라는 흔적을 남긴다. 어떤 습관을 가지고 있느냐에 따라 기술의 내용은 달라진다. 하지만 모든 습관은 그 습관행동을 더 잘하게 만드는 기술을 키워준다.

완성된 습관은
개인의 지능·능력·의지와 무관하다

이와는 반대의 경우도 가능하다. 예를 들어 공부를 많이 해서 그 분야에 대해 잘 아는 사람도 시험문제를 푸는 습관이 효율적이지 않으면 자기보다 공부량이 적은 사람보다 시험성적이 나쁠 수 있다. 마찬가지로 달리기 자세나 힘을 쓰는 기술이 비효율적인 사람은 자기보다 더 체력이나 순발력이 떨어지는 사람에게 질 수 있다.

바보도 똑똑한 습관을 가지고 있다면 머리 좋은 것처럼 행동하고, 똑똑한 사람도 바보 같은 습관을 가지고 있다면 멍청하게 행동한다. 결국 중요한 것은 행동이기 때문에 습관이 결과를 결정할 수 있다는 이야기다.

완성된 습관은 지능이나 능력과는 무관하게 작동한다. 습관은 자체적으로 작동하는 프로그램과 같다. 여러분의 습관들을 돌이켜보시라. 습관화된 행동은 자기가 그걸 하는지도 의식하지 못하고 하는 행동들이다. 심리학자들은 이런 상태를 '자동화'되었다고 이야기한다. 그래서 아무리 머리가 나쁜 사람도 똑똑한 습관을 가지고 있다면 그냥 똑똑하게 행동한다. 적어도 그 습관에 해당하는 영역에서는 말이다.

습관은 개인의 의지와도 상관이 없다. 왜냐하면 습관은 의지와도 무관하게 작동하기 때문이다. 그래서 머리가 나쁘고 좋은 행동을 할 의지가 없는 사람도 좋은 습관을 가지고 있으면 똑똑하고 의지력이 있는 것처럼 행동하게 된다. 반면에 나쁜 습관을 가지고 있으면 아무리 좋은 행동을 하려는 의지를 가지고 있어도 나쁜 행동을 반복하게 된다.**

나쁜 습관도 마치 좋은 습관처럼 보일 수 있다

여러분이 가지고 있는 습관을 돌이켜보시라. 그것이 좋은 습관이든 나쁜 습관이든 습관화된 행동들은 자연스럽게 진행된다. 잘하기 위해서 특별히 신경 쓸 필요도 없다. 문제는 이 때문에 나쁜 습관도 마치 좋은 습관처럼 보일 수 있다는 점이다.

예를 들어 회사에서 지각을 자주 하는 사람들은 자신이 지각한 사실을 상사에게 잘 들키지 않는다. 그들은 이미 '지각'이라는 행동이 습관이 되면서 능숙한 '지각쟁이'가 된 것이다. 반면에 평소 제시간에 출근하다가 아주 가끔 지각하는 사람이 오히려 더 쉽게 들통난다.

** 물론 정말 머리가 좋은 사람은 문제가 되는 습관을 발견해서 그 습관을 고치려고 노력할 것이다.

분명히 건강에 해로운 습관인 흡연도 일시적으로는 좋은 습관처럼 보일 수 있다. 함께 담배를 피우면서 나눈 사회적 교류가 직장생활에 도움이 될 수도 있고, 흡연이 심호흡을 유도해서 스트레스를 해소하거나 침착함을 유지하게 해줄 수도 있다. 결과적으로 담배를 피우는 직원이 더 유능해 보이기도 한다.

조직 내에서도 비슷한 현상을 볼 수 있다. 시대에 뒤떨어진 관습인데 단지 지금까지 그렇게 해왔다는 이유로, 또는 새로운 실행을 하다가 생기는 실수나 문제점을 감수하는 것보다 차라리 지금대로 하는 게 더 효과적이라는 이유로 지속된다.

습관은 개인이 아니라 조직이나 기관 혹은 국가 단위로 정착되면 '관행'이라고 불린다. 코로나19 시기에 한국이 거의 실시간으로 정확한 감염자 현황을 알리는 동안, 일본의 코로나19 통계는 너무 늦고 부정확했다. 한국은 감염이 확인되면 당사자와 중앙 통제센터에 온라인으로 동시에 정보를 전송하는 반면, 일본은 확진 현황을 우편과 팩스를 통해 집계했기 때문이다. 20세기에 완성된 행정시스템이 당연한 관행으로 자리 잡자 그보다 훨씬 빠르고 효과적인 온라인 통신 기술이 나왔어도 이를 받아들이지 않은 것이다.

아마도 코로나19가 지난 이후에도 일본은 행정전산화를 하지 않을 것이다. 적어도 2000년대 이전까지는 일본의 시스템이 가장 효과적이며 정확했다. 그래서 그 이후부터 지금까지 모두가 그 시스템을 습관으로 받아들였기 때문이다. 삽질도 습관이 되면 효율적인 것처럼 보인다.

물론 평범한 사람이 아무리 좋은 습관으로 무장해도 특별히 뛰어난 재능을 가진 이를 능가할 수는 없을 것이다. 그러면 또 어떤가. 세상이 당신에게 요구하는 건 천재와 경쟁하라는 것이 아니다. 우리가 만나는 이들은 대개 우리와 비슷비슷한 사람들이다. 우리에겐 그 비슷한 재능과 자원을 얼마나 더 잘 활용하느냐가 중요할 뿐이다.

습관은
내가 만드는 환경

**환경이 허용한 선택지들 중에서 내가 반복적으로 선택한 것이 습관이다. 같은 환경에서
성장해도 어떤 습관을 선택하느냐에 따라 환경의 힘은 다르게 움직인다.**

그들은 환경이 습관을 만들게
내버려두지 않았다

아파트 엘리베이터는 같은 동에 사는 사람들의 생활을 엿볼 수 있는
공간이다. 생활을 보여주는 건 외모나 옷가지가 아니다. 가장 투명
한 건 아이들의 언행이다. 아이가 하는 말의 내용이나 어투는 거의
대부분 그 아이의 부모가 집에서 보여주는 언행을 반영한다. 아이가
낯선 사람을 대하는 태도 역시 마찬가지다. 부모가 자기도 모르는
사이에 아이의 삶을 결정하고 있는데, 그게 제3자의 눈에는 잘 보이
지만 정작 부모는 잘 모른다.

우리는 태어난 직후부터 세상의 영향을 받으며 산다. 내 주변 환경이 나를 이리저리 뒤흔들고, 내 의지와는 상관없는 길로 나를 끌어당긴다.

최근 온라인 커뮤니티에서 '가난한 집 청년들이 돈을 모으지 않는 이유'를 설명한 글을 읽었다. 대개 가난한 부모는 자기 자녀가 돈을 벌기 시작하면 어떻게든 그 돈을 써버린다. 청년이 어떤 목표를 가지고 돈을 모아봤자 결국 부모에게 빼앗겨 아주 허무한 곳에 그 돈이 사용되고 만다. 가난한 집에서는 장기적인 가치를 따지는 지출보다는 지금 당장 급한 지출이 더 많을 것이고, 심지어는 횡재했다는 생각으로 아예 낭비를 해버리기도 한다. 이런 경험을 반복하면 돈을 모아봤자 아무 소용이 없다는 사실을 배우게 된다. 그래서 부모에게 빼앗겨 허튼 곳에 쓰이기 전에 차라리 내가 써버리자고 생각하는 것이다. 이렇게 막 쓰는 습관이 만들어지면, 나중에 부모에게서 독립한 다음에도 '미래를 위한 저축'을 하지 않게 된다는 것이다.

슬픈 이야기지만 현실이기도 할 것이다. 무지막지한 환경에 의해 망가지는 삶의 예라 할 수 있다. 이 책을 읽는 독자 다수는 이 정도로 처참한 환경에 처해 있지는 않을 것이다. 하지만 정도의 차이가 있을 뿐 환경에 의해 시달리는 건 누구나 마찬가지다.

그럼에도 환경에 휩쓸리지 않고 자기만의 길을 찾아가는 사람이 있다. 그들은 환경이 습관을 만들게 내버려두지 않는다. 지금 환경에 적응하는 데 도움이 되면서도 자신의 미래를 더 나은 방향으로 바꿀 수 있는 습관을 만들어낸다. 즉 자기 습관을 이용해 환경을 자기에게 맞게 조형하는 데 성공한 것이다.

습관의 힘은
환경의 힘보다 더 강력하다

습관은 이 세상을 살아가는 나를 위해 내가 만들 수 있는 최소한의 영역이다. 기회만 있으면 늦잠을 자는 나는 아마도 평생 '미라클 모닝' 루틴을 만들지 못할 것이다. 하지만 미라클 모닝 루틴을 지키는 사람들의 마음은 이해할 수 있다. 그들에게는 그 아침 시간이 하루 중에서 유일하게 자기 마음대로 사용할 수 있는 시간이다. 미라클 모닝은 그렇게 허락된 유일한 자유시간을 자신을 위한 환경으로 만들려는 노력이다.

미국의 빌 클린턴 전 대통령은 불우한 환경에서 자랐다. 새아버지는 걸핏하면 어머니와 클린턴 형제를 때렸다. 하지만 형이었던 그는 어머니와 동생을 보호하기 위해 아버지에게 대들었고 그 이후부터 권위에 순순히 굴복하지 않는 태도를 배웠다.

내가 좋아하는 발달심리학자 중에 주디스 해리스J. R. Harris라는 분이 있다. 그분은 초등학생 시절 학급의 잘나가는 또래 여자아이들로부터 왕따를 당했다. 그녀는 갈 곳이 없어서 학교 도서관에 은둔하며 책 읽는 습관을 들였다. 다독한 결과 다른 학교로 전학 가면서 학교에서 '머리 좋은 아이'로 인정받았고, 결국 유명한 발달심리학 저서를 쓴 학자가 되었다.

물론 모두가 클린턴 전 대통령이나 해리스 교수처럼 행동할 수 있는 건 아니다. 하지만 환경이 우리 삶을 제멋대로 결정하도록 내버려둬야 할까? 환경이 직접 우리에게 미치는 영향력은 엄청나지만 습관의 힘은 그보다 더 강력하다.

앞서 불우한 가정환경이 미치는 힘의 경우를 생각해보시라. 어렵게 성장한 사람이 로또에 당첨되면 지금과는 다르게 살까? 누군가는 정말 달라질지도 모른다. 하지만 그 큰돈을 허무하게 낭비해버리는 사람도 분명히 많을 것이다. 습관은 그대로이기 때문이다.

환경의 힘 앞에서 습관은
우리에게 적응할 방법을 열어준다

발달심리학에 따르면 우리 삶을 결정하는 요인은 결국 유전과 환경으로 정리된다. 유전이야 부모에게서 물려받은 유전자의 문제이므로 유전자 가위 기술이 상용화되기 전까지는 어쩔 수 없는 일이다. 환경도 우리가 아주 어릴 적에는 선택의 여지가 없다. 부모가 주는 걸 먹고, 부모가 보여주는 대로 배울 수밖에 없다. 하지만 대책 없던 그 어린 시절이 지나고 나면, 우리에게도 자기 환경을 통제할 기회가 조금씩 주어지기 시작한다. 습관이 바로 그것이다.

습관으로 모든 환경을 바꿀 수는 없다. 하지만 환경의 힘 앞에서 습관은 우리에게 적응할 방법을 열어준다. 우리는 각자 나름대로의 습관을 발명해서 자신이 던져진 환경에 적응하는 것이다. 같은 환경에서도 어떤 습관을 형성했느냐에 따라 그 환경의 영향력이 전혀 다를 수 있다.

해리스 교수의 예처럼 자신을 왕따시키는 환경에서 책 읽는 습관을 만들 수도 있지만, 어떻게든 친구들에게 받아들여지려 노력하다가 눈치 보는 습관을 키울 수도 있다. 시간이 지난 뒤, 이 둘은 똑같이 왕따를 당했어도 전혀 다른 학창 시절을 보냈다고 기억할 것이다.

습관은 환경과 우리 선택의 절묘한 합작품이다

문제는 이렇게 만들어진 습관은 환경이 바뀌어도 계속 남아 있을 수 있다는 점이다. 앞서 예로 든 가난한 부모 아래서 자란 청년이 부모로부터 독립하고 좋은 직장에 취직한 뒤에도 저축하지 않고 돈을 마구 쓰는 습관은 남을 수 있다. 그렇다면 이제부터 그의 삶은 과거의 성장환경이 아니라 그가 지금 계속 유지하고 있는 습관에 의해 결정되는 것이다.

환경에 적응하기 위해서 습관이 만들어지고, 그 습관은 그 사람이 앞으로 어떻게 생각하고 행동할지를 결정한다. 따라서 환경이 변하지 않더라도 습관을 바꿀 수만 있다면 그 결과물인 개인의 삶은 바뀔 수 있다.

환경 → 습관 → 나

정리하면 습관은 환경이 허용한 좁은 범위의 자유 속에서 내가 만들 수 있는 나만의 환경이다. 환경과 우리 사이에는 습관이 있다. 그 습관은 환경과 선택의 합작품이다. 그래서 같은 환경에 있어도 다른 습관을 만들면 다른 환경에서 사는 것과 같은 결과를 얻게 된다. 다시 말해서 습관을 바꾸면 환경이 바뀌는 것과 비슷한 효과를 발휘한다. 그 결과 같은 환경에 있어도 습관이 다르면 삶이 달라진다.

지금 이 순간에도 여러분의 현재와 미래를 만들고 있는 건 환경이 아니라 습관이다. 물론 환경의 힘 앞에서 나만의 좋은 습관을 만들어가기는 쉽지 않다. 그러나 그것이 유일하게 우리가 할 수 있는 것이다.

습관은
무한동력이다

당신의 의지력은 공짜가 아니라 대가를 지불해야 하는 제한된 자원이다. 그러나 일단 습관이 된 행동은 의지력을 소모하지 않고 이루어진다.

의지력은 인간이 가진
숭고한 특성 중 하나다

베스트셀러 『마시멜로 이야기』로 잘 알려진 인내심 실험이 있다. 1972년 스탠퍼드 대학교에서 했던, 미래의 더 큰 보상을 위해 앞에 놓인 마시멜로를 지금 당장 먹고 싶은 욕구를 참았던 아이들이 나중에 더 큰 성공을 거두었다는 연구결과 말이다.

이 실험의 성인 버전은 조금 덜 알려져 있다. 1990년대 로이 바우마이스터[R. Baumeister]와 다이앤 타이스[D. Tice]가 한 실험이다. 그들은 대학생 실험참가자들의 대기실에 갓 구운 초콜릿 쿠키 한 접시와 무한 접시를 놓았다. A그룹 대학생들에게는 실험을 기다리는 동안 초콜릿 쿠키를 먹도록 허락했고, B그룹에게는 뻔히 옆 그룹이 (달콤한) 초콜릿 쿠키를 먹는 걸 보면서 (맛없는) 무만 먹을 수 있다고 알려주었다. 그리고 이 두 그룹 학생들에게 퍼즐 푸는 과제를 내주었다. 이는 결코 풀 수 없는 퍼즐이었다. 이 실험의 목적은 어느 그룹 대학생들이 더 오래 이 해결 불가능한 문제에 매달리는지를 알아보는 것이었다.

실험 결과 초콜릿 쿠키를 먹을 수 있었던 그룹이 평균 19분 더 오래 퍼즐에 집중했다. 바우마이스터 부부는 이 차이의 원인을 의지력의 소모량으로 보았다. 대기하는 동안 무나 먹어야 했던 B그룹은 초콜릿 쿠키를 먹고 싶은 마음을 참느라고 이미 의지력을 소모했기 때문에 정작 본 실험에 들어가서는 퍼즐을 풀려는 노력을 더 일찍 그만두었다는 것이다.

의지력은 인간이 가진 숭고한 특성 중 하나다. 온갖 역경에도 불구하고 자신이 옳다고 믿는 목표를 달성하기 위해 노력하는 인간을 우리는 영웅이라 부른다. 자신에게 버거운 과제가 주어졌더라도 탁월한 의지력으로 그 중압감을 극복하고 일을 완수해내는 사람은 모두의 인정을 받는다. 그러나 의지력은 결정적인 단점이 있다. 절대량이 제한되어 있다는 점이다.

습관은 의지의 산물이 아니라 의지를 대체하는 수단이다

이 의지력은 영원히 솟아나는 샘물이 아니다. 마치 충전된 배터리처럼 쓰는 만큼 소모되는 제한된 에너지다. 어떤 행동을 할 때 의지력에만 의존한다면 그 행동은 계속될 수 없다. 의지력을 충전하지 않고 계속 쓰다 보면 결국에는 바닥이 드러날 것이기 때문이다.

물론 배터리의 용량이 제품마다 서로 다른 것처럼 의지력도 사람마다 차이가 있다. 그래서 누군가 3일 만에 포기하는 행동을 어떤 사람은 일주일간 계속할 수 있다. 하지만 '누가 더 오래 버티느냐'의 차이만 있을 뿐 둘 다 결국에는 지치고 만다. 의지력은 사용할 때마다 소모되는 정신적인 연료이기 때문이다.

습관에 대해서 가지는 오해 중 하나는 '습관이 의지의 산물'이라는 생각이다. 많은 사람들이 '습관은 강한 의지력으로 만드는 것이고, 성공하는 습관을 만들고 키워간 사람들은 그만큼 의지력이 강하다'고 생각한다.

그러나 이것은 사실이 아니다. 습관은 의지의 산물이 아니라 의지를 대체하는 수단이다. 의지력이 공짜가 아니라 대가를 지불해야 하는 제한된 자원인 데 비해 습관은 공짜다. 물론 습관이 저절로 만들어지는 것은 아니다. 특히 어떤 습관을 의도적으로 만들려면 의식적인 계획과 노력이 반드시 필요하다. 그러나 일단 자리 잡은 모든 습관은 스스로 작동한다.

　당신의 습관들을 돌이켜보시라. 습관이 된 행동은 자신이 뭘 하는지도 의식하지 못하고 하게 된다. 이는 습관의 다른 장점과 이어진다. 습관은 뇌의 에너지를 아주 적게 소모한다. 어떤 행동을 할 결심을 하고 그 행동을 제대로 하는지 계속 주의를 기울이는 것은 뇌에겐 엄청나게 피곤한 일이다.

뭘 처음 배울 때는
몸뿐만 아니라 마음까지 피곤하다

우리가 새로운 지식이나 기술을 배울 때는 신경을 쓸 수밖에 없다. 그래서 뭘 배울 때는 몸뿐만 아니라 마음까지 피곤하다. 모든 행동을 이렇게 의지력을 가지고 할 수는 없다. 그래서 뇌는 많은 행동을 습관화하고 자동화한다. 일단 자동화한 행동은 뇌가 신경 쓰지 않아도 알아서 진행되기 때문이다. 요컨대 습관은 그 자체로 효율성을 가지고 있다.

　처음 칫솔질을 배우던 순간을 기억해보시라. 많은 것이 낯설고 불편했을 것이다. 치아와 잇몸에 닿는 칫솔의 촉감은 거칠고, 치약은 지나치게 강한 향기와 고통스러울 정도로 매운맛을 선사했을 것이다. 입에 이런 화학물질을 집어넣고 비벼대는 건 위험한 행동처럼 느껴졌다. 제일 힘들었던 것은 칫솔질을 하는 행동 그 자체였다. 칫솔질은 그 어떤 팔운동과도 달랐다. 팔꿈치와 손목과 손가락을 그렇게 움직여야 했던 적은 없었다. 아주 작은 범위의 움직임을 반복하다 보면 손가락에는 쥐가 날 것 같았고, 팔과 어깨는 저릿했다. 앞니부터 어금니까지 이렇게 닦아내는 일은 불가능에 가까워 보였다. 앞으로 매일 이렇게 힘들고 고통스러운 일을 해야 한다니! 그야말로 눈앞이 깜깜했다.

적어도 나는 그랬다. 당시에는 어린이용 치약이 따로 없어서 더 고통스러웠을 것이다. 칫솔모도 어린아이의 입에는 지나치게 컸다. 심지어 치약이 담긴 튜브도 잘못 짜다 보면 옆으로 터져서 새어 나오는 불편한 물건이었다. 어린이용 칫솔과 치약이 나온 지금도 많은 어린이들에게 인생 첫 칫솔질은 자신이 가진 모든 의지력을 쏟아부어야 하는 엄청난 과업이라는 사실에는 변함이 없다.

그러나 어른이 된 지금은 어떤가. 어른이 된 우리는 칫솔질을 위해 의지력을 소모하지 않는다. 물론 칫솔질 자체는 여전히 번거로운 일이다. 하지만 처음 생각처럼 까마득한 일은 아니다. 첫 칫솔질의 고통이나 막막함은 오래전에 잊었다. 칫솔질은 아무 생각 없이, 의지력과는 무관하게 잠이 덜 깬 상황에서도 자연스럽게 수행하는 '루틴'의 일부일 뿐이다. 심지어 칫솔질에서 만족감이나 쾌감을 경험하기도 한다. 오히려 칫솔질을 못 하면 입안의 텁텁함을 참아내기 위해서 의지력을 소모해야 할 것이다.

우리가 지금 대수롭지 않게 하는 많은 행동들이 그렇다. 다 처음에는 힘들고 고통스러운 것이었지만 나중엔 익숙하고 당연한 것으로 변화했다. 처음에는 의지력을 소모해서 뇌를 피곤하고 힘들게 만들었던 행동들이 습관화의 과정을 거치면서 숨을 쉬듯 당연한 행동으로 바뀐 것이다.

멘탈 습관은
행동으로 나타난다

생각은 세상을 보는 눈을 결정한다. 생각이 달라지면 다른 세상을 경험하니 행동도 달라진다. 주변 사람들은 그렇게 당신의 생각에 의해 만들어진 행동을 보고 당신을 평가한다.

예전에 했던 대로 생각하는
자동적인 생각들

대니얼 카너먼^{D. Kahneman}은 심리학과 경제학을 접목해 '행동경제학'이라는 학문을 만들어내 노벨 경제학상을 받았다. 그는 오랫동안 사람들이 비합리적인 판단을 내리면서 스스로는 합리적이라 착각하는 사례들을 연구했다.

예를 들어 우리는 자기 자신이 고른 복권의 당첨 확률과 다른 사람들이 고른 복권의 당첨 확률을 다르게 평가한다. 즉 모든 복권의 당첨확률은 동일하지만 내가 고른 복권의 당첨 가능성이 더 높을 것이라고 여기는 것이다. 쇼핑몰에서 입장객들에게 1,000원짜리 공짜 쿠폰을 주면 그 사람들은 원래 구입할 생각도 없었던 1만 원짜리 물건을 주저 없이 산다. 쿠폰을 이용하면 9,000원에 살 수 있다는 이유로 말이다.

카너먼은 우리의 생각이 크게 2개의 시스템으로 나뉜다고 보았다. 시스템1은 대충 판단하지만 빠른 결론을 내리는 사고방식이고, 시스템2는 주의력을 기울여가며 검토하고 분석해서 결론을 내리는 좀 느린 사고방식이다.

평소에 우리는 시스템1만 사용한다. 쉽고 빠르며, 무엇보다 뇌의 에너지를 사용하지 않기 때문이다. 대신 1번 시스템을 사용할 때 우리는 대충 보고 대충 듣고 대충 판단한다. 오로지 의지하는 건 예전에 했던 대로 생각하는 자동적인 생각들이다. 우리가 흔히 '직관'이나 '상식'이라고 부르는 것들이 이 자동적인 생각이다. 자동적 생각의 어두운 버전은 '편견'이나 '고정관념'이라고 부른다.

습관은 대부분 행동이다. 그러나 이 시스템1에서 자동적으로 이루어지는 생각은 생각의 습관이라고 할 수 있다. 반복되면서 자동화되었고, 그래서 에너지를 쓰지 않고서도 빠르게 사용할 수 있고, 내 의도와는 상관없이 스위치만 켜면 작동한다는 점에서 습관의 특징을 모두 갖춘 것이다. 그래서 여기서는 이런 생각의 습관을 '멘탈 습관'이라고 부르고자 한다.

멘탈 습관은 자기 눈엔 안 보이는데 남들 눈엔 어느 순간 확 드러난다

문제는 이 멘탈 습관의 내용이나 결과물은 당신이 특별한 생각 없이 영위하는 일상생활 속의 소소한 순간마다 슬쩍슬쩍 드러난다는 것이다. 그리고 그 사소한 순간에 보여주는 모습을 보고 사람들은 당신이 어떤 사람인지를 평가한다. 만약 우리 주변에 판단력이 뛰어나서 현자처럼 보이는 사람이 있다면, 그는 대개 건강한 멘탈 습관을 키워놓은 경우가 많다.

멘탈 습관은 영화 〈기생충〉의 등장인물인 기택(송강호 분)에게 풍기는 '냄새'와도 비슷하다. 나도 모르는 사이에 내가 내뱉는 말과 내가 하는 행동이 어떤 커뮤니티, 어떤 정치적 지향, 어떤 가치관이나 태도의 냄새를 풍기는 것이다. 마치 등 뒤에 붙인 팻말처럼, 자기 눈에는 안 보이는데 남들 눈에는 어느 순간 확 드러나는 것이 바로 멘탈 습관이다.

당신이 의식적으로 남들에게 잘 보이기 위해서 좋은 옷을 차려입고 외모를 정돈하고 말을 조심해도 이 멘탈 습관의 향기는 그 틈새를 비집고 새어 나온다. 특히 당신이 피곤하거나 다른 곳에 주의를 기울이느라 잠깐 신경을 놓으면 숨겨왔던 마음의 습관이 튀어나와 당신이 누구인지 알려준다.

멘탈 습관은
우리의 정신건강에도 영향을 미친다

멘탈 습관은 단지 편견이나 고정관념에 그치지 않는다. 우리의 정신 건강에도 영향을 미친다. 이후에 다룰 비교하는 습관은 겉으로 드러나지 않는 사고방식에 가깝지만, 정신건강뿐만 아니라 당신의 행동이나 선택에도 큰 영향을 미친다. 화를 다스리는 멘탈 습관, 낙천성을 유지하는 멘탈 습관 같은 것들은 실제로 유용하다.

인지치료 기법의 창시자 애런 벡A. Beck에 따르면 자동화된 비합리적인 생각은 우울증이나 강박증, 편집증 같은 정신적인 문제의 원인이 된다. 잘못된 자동적인 생각의 대표적인 것이 흑백논리다. 예를 들어 누군가가 나를 좋아하지 않는다면 싫어하는 것이라고 결론짓는 경우가 여기에 해당한다.

사실 대부분의 사람들은 남에 대해 아무 생각이 없다. 좋아하는 것도 아니고 싫어하는 것도 아닌 그 중간 상태가 대부분이고, 상대방의 행동에 그때그때 맞추어 반응할 뿐이다. 흑백논리는 당연히 잘못된 사고방식인데, 어떤 사람들은 정말로 그렇게 비합리적으로 생각하는 습관이 있다.

이런 잘못된 멘탈 습관은 그 생각에 부합하는 결과를 얻음으로써 보상을 받는다. 다른 사람과 좋은 관계를 만들고 유지하기 위해서는 올바른 태도와 기술 그리고 노력이 필요하다. 그 모든 것을 다 쏟아

부어도 잘 안 되는 경우도 많다.

반면에 남이 나를 싫어하게 만들기는 쉽다. 상대가 무조건 나를 좋아해야 하며, 만약 그렇지 않으면 나를 싫어하는 것이라는 생각을 가진 사람은 처음에는 상대에게 무작정 호감을 보일 것이다. 그러다 기대한 반응을 얻지 못하면 이제는 '너는 나를 싫어하지?'라는 태도로 접근할 것이다.

이런 태도로 접근하면 대다수의 평범한 사람들은 그를 기피하거나 정말로 싫어하게 된다. 이상한 사람에게 보이는 당연한 반응이다. 즉 '상대는 나를 싫어한다'라는 생각으로 상대방에게 접근하면 그 생각에 부합하는 결과를 얻는 것이다. 어떤 결과를 기대하다 보면 실제로 그 결과를 이끌어내는 '자기충족적인 예언'의 예라고 할 수 있다.

이런 생각이 결론적으로는 주변에 자신을 좋아했거나 잘 지낼 수 있었던 사람들도 자신을 싫어하거나 이상하게 여기도록 만드는 결과가 되겠지만 그럴수록 당사자의 잘못된 멘탈 습관은 더욱 굳건해질 것이다. 당사자의 관점에서는 이 생각처럼 확실하게 결과와 맞아떨어지는 건 없을 테니 말이다.

당신의 멘탈 습관에 따라
당신의 행동이 결정된다

마찬가지로 어떤 지역 사람에 대한 고정관념이나 편견을 가진 사람은 그 지역 출신 사람들을 처음부터 의심하고 경계한다. 그들이 약간의 부정적인 모습을 보여도 역시 내 생각이 옳았다고 결론 내리고, 자신의 편견에 부합하지 않는 모습은 못 보거나 봐도 무시한다. 그러다 보면 습관화된 생각은 더욱 공고해지고, 당신의 편견이 당신이 살아가는 세상을 만들어가는 것이다.

요컨대 어떤 멘탈 습관을 가지고 있느냐에 따라 당신의 행동이 결정되고, 그 행동으로 인해 당신이 접하는 세상, 당신이 하는 경험이 결정된다. 당신에게 펼쳐진 세상이 세상 그 자체가 아니라 당신이 습관적으로 사용하는 사고방식의 결과물임을 인식하지 못하면 생각의 습관이 당신을 규정한다.

이는 멘탈 습관만이 아니라 모든 다른 습관에 대해서도 마찬가지다. 바로 이것이 우리가 습관에 대해서 알아야 하는 가장 중요한 이유다.

ROUTINE

2장

게임을 통해 이해하는
습관의 구조

"게임 세계는 전부 심리학이다. 거기에는 아무런 물리적 실체가 없다. 게임 속의 모든 것은 심리학과 집단역동이다."

이는 '제프 케셀만의 공리Jeff Kesselman's Theorem'라고 알려진 글이다. 이 글에서 말한 것처럼 디지털 게임은 물리법칙과는 상관없이 인간이 오로지 인간 자신을 위해서 만들어낸 가상의 공간이다. 이 공간에서 작동하는 모든 규칙은 자연법칙이 아니라 인간의 상상과 소망을 따른다. 게임 속에서는 중력을 무시하고 날아다니거나 수천 미터 높이의 빌딩을 지을 수도 있으며, 시간의 흐름을 되돌리거나 반복할 수도 있다.

게임 속에 존재하는 모든 규칙과 설정은 게임 유저들이 더 오래, 더 많이 그 게임을 즐기게 하려는 목적으로 만들어진 것이다. 물론 그 규칙들은 실제 존재하는 학습과 습관형성의 원리를 게임에 적용한 결과물이다. 단지 현실에서는 물리적인 제약으로 완벽하게 구현하지 못했던 습관의 요소를 그런 제약이 없는 게임 속에서 더 순수하게 구현한 셈이다. 따라서 게임과 게임의 규칙을 이해하는 것은 습관형성의 원리를 이해하는 열쇠이기도 하다.

습관의 기본 요소는 행동, 보상, 신호, 갈망이다. 습관은 일단 행동을 하게 만드는 것에서부터 시작한다. 그 행동에 어떤 식으로 보상이 주어지는지에 따라 갈망이 만들어지고, 그 갈망은 환경이 주는 신호에 따라 스위치가 켜져 행동을 하게 만든다. 이 요소들이 갖추어지면 습관이 완성된다. 완성된 습관은 의지나 노력 없이도 스스로 행동하고 스스로 보상을 찾아가며 자동적으로 진행된다. 습관화되지 않은 행동을 하기 위해 의지력을 소모하는 동안, 습관화된 행동은 자기가 하는 줄도 모르는 사이에 반복되면서 우리 삶을 만들어간다.

앞서 말했듯 이 과정은 게임 속에서도 진행된다. 게임의 요소들은 습관의 원리를 이용해서 게임 유저의 행동을 조형shaping한다. 따라서 게임 속에 숨어 있는 습관의 원리를 이해한다면 지금 내 습관이 어떤 원리로 만들어지고, 계속되고 있는 이유가 무엇인지, 그리고 이것을 바꾸려면 어떻게 해야 하는지도 이해할 수 있을 것이다. 여기서는 게임을 통해 행동의 진입장벽을 낮추는 비결, 행동을 계속하게 만드는 좋은 보상의 특징, 스테이지로 과제를 나누는 이유, 그리고 환경과 반복의 힘에 대해서 알아볼 것이다.

게임에서 발견하는
습관의 핵심 과정

게임은 인간이 인간을 위해 만들어낸 가장 인간적인 공간이다. 자연법칙의 제약을 벗어나 순수하게 인간의 욕구에 부합하도록 만들어진 곳에서 습관의 원칙을 찾아낼 수 있다.

게임은 오로지 인간만을 위해
만들어진 세상

내 전공은 심리학이다. 내 박사학위 논문의 주제는 온라인 게임인 〈리니지〉 유저들의 행동방식이었다. 일본 동경대학교 심리학과 연구팀과 함께 나는 한국과 일본의 리니지 유저들이 게임 속에서 어떤 행동을 하는지, 그 행동방식을 어떤 유형으로 분류할 수 있는지를 연구했다.

내가 학위논문을 쓰던 2000년대 초반에는 그와 같은 주제로 연구하는 사람은 내가 알기론 없었다. 남들이 하지 않는 연구를 했기에 이를 주변에 설명하고 납득시키기 어려운 점은 있었지만, 그만큼 재미도 있었다. 정말 흥미로운 경험이었다.

내게 그런 기회가 주어진 이유 중 하나는 당시에 게임을 실제로 하는 박사과정 대학원생이 나밖에 없었다는 점이었다. 내 전공은 발달심리학이었고, 발달심리학 전공 학생들은 대부분 여학생들이었으며, 지금과 달리 2000년 초반에는 여학생들이 게임을 거의 하지 않았다. 물론 리니지는 내가 즐기던 게임들과는 다른 새로운 장르의 게임이었지만 여전히 게임이었고, 내가 이해하고 즐기는 데 큰 어려움은 없었다.

그렇게 학위를 받은 후, 내 인생 경로는 게임과 심리학의 중간쯤에 걸치게 되었다. 게임을 연구하면서 확실히 깨달은 것 중 하나는 게임은 오로지 인간만을 위해 만들어진 세상이라는 점이다.

게임이라는
새로운 스키너 상자의 목적

1930년대, 하버드대학교 심리학과 대학원생이었던 스키너[B. F. Skinner]는 실험동물에게 입력되는 모든 자극을 통제하고 그 동물의 모든 행동을 기록할 수 있는 시스템이 있다면 심리학자들이 원하는 모든 데이터를 얻을 수 있으리라 생각했다.

그 시절의 기술로 이를 최대한 구현한 것이 그의 이름을 딴 스키너 상자Skinner Box였다. 이 상자 속에 쥐를 넣으면 그 동물에게 먹이와 물이 언제 얼마나 주어지는지, 그리고 그 쥐가 레버나 버튼을 언제 몇 번이나 누르는지가 자동으로 기록되었다. 그는 이 장치에서 나온 데이터를 가지고 행동주의 심리학의 원리를 만들었다.

하지만 이 상자는 쥐나 비둘기 같은 단순하고 작은 동물에게만 사용할 수 있었다. 스키너는 사실 사람을 넣을 수 있는 스키너 상자를 꿈꾸었지만, 당시의 기술로 사람에게 입력되는 모든 자극과 사람이 내놓는 모든 행동과 반응을 자동으로 기록할 수 있는 장치는 만들지 못했다.

기술적인 문제를 해결했다 치더라도 실험 자체의 윤리적인 문제도 큰 장벽이었을 것이다. 어떤 사람의 일거수일투족을 100% 기록하는 장치라니, 사생활 정보를 그렇게 공개하려는 사람이 얼마나 있겠는가. 게다가 통계적으로 검증할 수 있을 규모의 데이터를 얻으려면 그런 장치로 수십 명 혹은 수백 명을 실험해야 했다. 모든 것이 당시에는 그저 꿈과 상상의 영역이었다.

그러나 21세기의 온라인 세상에서 스키너의 꿈은 더 이상 꿈이 아니다. 스키너 상자의 완성형이 이미 오래전부터 만들어져서 엄청난 인기를 끌고 있기 때문이다. 적어도 그곳에 들어가 있는 동안에는 그 사람의 모든 행동은 전부 기록되고, 그 사람에게 주어지는 모든 피드백과 보상은 프로그램에 의해 자동으로 통제된다. 게다가 이 첨

단 스키너 상자는 연구자가 연구비를 쓰고 윤리적인 논란을 일으켜 가며 피험자를 모집할 필요도 없다. 수십만, 수백만 명의 유저들이 자발적으로 자기 돈을 내가며 여기에 들어가기 때문이다. 그들은 그곳에서 열심히 버튼을 누르고 레버를 당기며 희로애락을 느끼면서 과거에는 상상할 수 없었던 규모의 데이터를 생성해낸다. 이 공간은 바로 게임이다. 게임은 인간의 행동이 담긴 빅데이터를 생성하는 거대한 스키너 상자라고 할 수 있다.

물론 이 새로운 스키너 상자의 목적은 쥐나 비둘기처럼 사람의 행동을 조작하려는 것은 아니다. 사실 유저들은 게임이 설계한 방식으로 움직이지도 않는다. 오히려 게임 개발자가 예상하지 못한 행동을 더 많이 한다. 즉 아무리 잘 만들어진 게임이라도 사람의 행동을 쥐나 비둘기처럼 조종하지는 못한다.

애초에 게임은 사람을 조종하려고 만드는 것이 아니다. 게임의 설계 목적은 그저 유저들이 그 게임을 계속 반복하게 만드는 데 있다. 그걸 어떻게 즐기든 유저들이 더 많이 더 자주 게임을 하면 성공이다. 게임 시장에서 대박을 터트린 게임들은 모두 이 목적을 달성한 게임이다.

우리는 성공한 게임에서 습관의 핵심을 발견할 수 있다. 행동을 새로 배우고 계속 반복하기, 바로 이것이 습관의 핵심 과정이다. 요컨대 게임은 '행동 습관화'라는 목적을 위해 특별하게 설계된 공간이다. 따라서 게임이 유저들을 계속 끌어들이는 원리 속에는 습관의 핵심 원리들이 담겨 있다. 이제부터 그렇게 게임 속에 숨겨진 습관의 원칙이 무엇인지, 어떻게 하면 게임처럼 내 습관을 만들어갈 수 있을지를 알아보자.

습관을 구성하는
4대 핵심 요소

습관은 행동으로 시작해서 보상을 통해 반복되고, 신호를 받아 활성화되며 마음속에 자리 잡으면 내적인 갈망을 만들어낸다.

습관형성의 핵심 요소를
모두 갖추고 있는 〈애니팡〉

사람들이 게임을 하는 이유가 도대체 뭘까? 게임이 재미있기 때문이거나 혹은 게임이 자극적이기 때문이라고들 말한다. 이런 이야기는 일부만 맞는 말이다.

사실 자극적인 게임은 한두 번 하고는 끝나는 경우가 많다. 반면에 별다른 자극이 없는데도 계속하는 게임들이 더 많다. 한때 국민게임처럼 유행했던 〈애니팡〉을 생각해보시라. 이 게임에 대단한 자극은 없다. 매번 같은 설정에서 시작하기 때문에 새로운 재미가 있다고 하기도 어렵다. 그럼에도 많은 사람들이 틈만 나면 〈애니팡〉에 빠져들었다. 이는 〈애니팡〉이 습관형성의 핵심 요소를 모두 갖추고 있었기 때문이다.

습관형성의 원리는 아주 오래전부터 알려져 있다. 습관을 다룬 책이라면 다 설명하는 내용이기도 하다. 그럼에도 여기서 습관형성의 원리를 설명하는 건 이게 습관에 대해서 알아야 하는 가장 핵심 내용이기 때문이다.

앞으로 이 책에 나오는 모든 이야기는 습관형성의 원리를 기반으로 한다. 그러니까 습관형성의 원리를 이미 알고 있는 독자 여러분도 짧게 되짚어보시라.

터치하는 행동을 하면 그 보상으로 동물들이 사라진다

습관을 구성하는 4대 요소는 행동, 보상, 신호(혹은 단서), 갈망이다. 이 4가지 요소는 습관을 형성하고 계속하기 위해서 반드시 필요한 핵심 요소다.

우선 A라는 행동을 하고 보상을 받으면 보상을 받은 A 행동이 반복된다. 만약 A와 B라는 두 행동을 할 수 있는데, 만약 B라는 행동에는 보상이 없고 A라는 행동에는 보상이 주어진다면 당연히 A라는 행동만 하게 된다. 즉 보상을 받는 행동이 계속되고, 보상을 받지 못한 행동은 사라진다.

> **그냥 A라는 행동을 한다 → 그 행동에 보상을 받는다 → A 행동을 다시 한다 (순환)**

〈애니팡〉을 생각해보자. 이 게임은 1분짜리다(저축해두었던 폭탄들이 터지는 시간을 포함하면 2분이 넘어가기도 하지만, 기본 플레이 시간은 1분이다). 그러니까 1분 동안 게임을 하고 나면 점수가 뜬다. 그 점수가 보상이다. 물론 내가 줄지어 있는 동물을 적절히 터치하는 순간마다 그것들이 한꺼번에 사라지는 것도 보상이 된다.

보상은 상금이나 먹이가 아니다. '내가 어떤 행동을 했는데 그게 효과가 있네?'라는 느낌 자체가 보상이다. 〈애니팡〉은 그 짧은 1분 동안 유저가 올바로 터치를 할 때마다 바로 그 보상을 준다. 게다가 난이도가 높은 터치에는 더 큰 보상을 준다. 이제 행동을 습관으로 자리 잡게 할 첫 번째 요소가 만들어진 것이다.

> **(〈애니팡〉에서) 터치를 한다 (행동) → 동물들이 팡! 사라진다 (보상) → 또 터치를 한다 (순환)**

〈애니팡〉이 주는 신호는
아주 단순하고 분명하다

그런데 〈애니팡〉에서 모든 터치가 동물들을 팡! 하고 사라지게 만드는 것은 아니다. 잘못 터치하면 동물들은 그대로 있고, 내가 쌓아올린 콤보만 깨지고 만다.

그러니까 〈애니팡〉을 잘하려면 언제, 어느 녀석을 터치해야 한 번에 가장 많은 동물들이 팡! 하고 사라질지를 구별해야 한다. 바로 이것이 신호(단서)다.

'신호를 제때 캐치하기'가 중요한 건 우리가 사는 현실에서도 마찬가지다. 같은 농담을 해도 어떤 상황에서는 다들 재미있어하지만, 어떤 상황에서는 썰렁한 반응만 얻지 않던가. 우리의 행동은 매번 보상을 받지 못한다. 특정한 순간에 특정한 조건에서만 보상을 받는다. 그래서 지금이 바로 그 행동을 할 때인지를 변별할 수 있는지가 매우 중요하다.

현실에서는 이걸 분별하기가 쉽지 않다. 분위기 파악, 눈치 챙기기가 어디 쉽던가. 그것이 어려운 건 신호가 복잡하기 때문이다. 반면에 〈애니팡〉에서는 같은 동물이 3마리 이상 줄지어 있는지만 보면 된다. 〈애니팡〉이 주는 신호가 아주 단순하고 분명하기에 우리는 이 신호에 훨씬 빨리 익숙해지고 더 쉽게 반응할 수 있게 된다.

> a 신호를 본다 → A 행동을 한다 → 그 행동에 보상을 받는다 → a 신호를 본다 (순환)
>
> 동물들이 3마리 줄 서 있네! (신호) → 터치한다 → 팡! 하고 사라졌다! → 또 줄 선 애들이 어디 있지? (순환)

요컨대 신호(단서)는 행동의 스위치다. 어떤 행동을 할지 말지는 '신호가 a냐 b냐(혹은 c냐 d냐…)'에 의해 결정된다.

갈망이 커지기에
시도 때도 없이 〈애니팡〉을 하게 된다

전자기기의 스위치를 켠다고 해서 언제나 전원이 들어오는 것은 아니다. 전원이 연결되어 있거나 배터리가 충전되어 있어야 한다. 인간 행동의 배터리에 해당하는 것이 바로 감정이다. 우리가 행동을 하려면 '감정'이 필요하다.

행동을 이끄는 감정은 '갈망'이다. 갈망은 반복을 통해 생긴다. 뇌는 반복적으로 같이 일어난 사건들을 하나로 묶어서 인식하기 때문이다. 다시 말해서 우리가 a라는 신호를 보고 A 행동을 하고 보상받는 경험을 반복하면 우리의 뇌는 점차 이 둘을 하나로 여기기 시작한다. 처음에는 A 행동과 보상이 하나가 되고 이게 반복되면 그다음

게임은 습관의 기본 요소인 행동의 시작, 보상, 신호, 갈망이
잘 적용된 모범적인 습관형성 시스템이다.

에는 a라는 신호도 여기에 결합된다. 이제는 a라는 신호를 보기만 해도 (아직 A 행동도 하지 않았는데) 전에 받았던 보상이 머릿속에 떠오른다.

신호 → 갈망 → 행동 → 보상

이렇게 4대 요소가 다 만들어지면, 이 순환은 자동화된다. 즉 습관이 저절로 작동한다는 이야기다. 어떤 상황이 되면(신호) 어떤 행동을 하고 싶어지고(갈망), 그 행동을 하고 나면(행동) 만족한다(보상). 이 과정이 반복될수록 갈망은 더욱 커진다. 그러면 시키지 않아도 저절로, 심지어는 누가 억지로 못 하게 막으려고 해도 여러분은 그 행동을 하게 된다. 이제 여러분에게는 강력한 습관이 심어진 것이다.

〈애니팡〉도 그렇다. 〈애니팡〉을 하면서 신호에 맞추어 터치를 하고 보상을 받는 경험이 반복되면 〈애니팡〉 자체가 보상처럼 느껴지기 시작한다. 제때 적절히 터치를 한 순간에 느끼던 그 쾌감이 〈애니팡〉 자체와 하나가 되는 것이다. 바로 이것이 '갈망'이다. 남이 〈애니팡〉을 하는 걸 보거나, 〈애니팡〉에서 들리던 효과음을 듣거나, 심지어는 그냥 스마트폰만 봐도 그 팡! 하는 쾌감이 떠오른다. 그러면 이제 당신은 시도 때도 없이 〈애니팡〉을 하게 되는 것이다.

이 습관의 순환에 의지력이나 판단력이 없다는 사실을 잊지 마시라. 일단 어떤 습관이 완성되면 여러분은 마치 프로그램된 로봇처럼 아무 생각 없이 자기가 뭘 하는지도 모르고 움직이게 된다. 그것이 나쁜 행동이든 좋은 행동이든 그냥 하게 되는 것이다. 이렇게 습관의 요소를 알면 습관을 만들기 위해서 필요한 것이 무엇인지 이해할 수 있다.

시작이
중요하다

습관을 만드는 것은 이유나 목표가 아니라 행동이다. 좋은 계획, 절박한 필요성, 강렬한
의지가 있어도 행동이 없으면 아무것도 시작되지 않는다.

시작이 되는 행동을 하기가
정말로 무지무지하게 어렵다

최초로 상업적으로 성공한 게임 회사인 아타리의 창업자 놀런 부슈
널[N. Bushnell]은 좋은 게임의 특성을 "easy to learn, hard to master(배
우기는 쉽지만 마스터하기는 어렵다)"라고 정의했다. 배우기 쉽다는 건
처음 시작하기가 쉽다는 뜻이다. 이게 중요한 이유는 뭐든 처음 시
작이 제일 어렵기 때문이다.

　모든 습관은 행동에서 시작된다. 이유나 목표는 중요하지 않다. 중
요한 것은 행동이다. 이건 어떤 경우에도 바뀌지 않는 원칙이다. 행

동이 없으면 습관은 만들어질 수 없다. 예외는 없다. 아무 생각 없이 한 행동이라도 상관없다. 언제나, 모든 습관은 행동에서 시작된다.

뭔가를 하려는 의지를 가지고 있는 건 좋은 일이지만 의지는 행동이 아니다. 의지만으로는 습관이 되지 못한다. 행동을 해야 그때부터 뭔가 시작되는 것이다. 생각이나 계획도 행동이 아니다. 아무리 치밀한 계획을 짜도 행동하기 전엔 의미가 없다. 실제로 눈에 보이는 어떤 행동을 하기 전에는 다 소용없다.

그런데 문제는 그 시작이 되는 행동을 하기가 정말로 무지무지하게 어렵다는 점이다. 모든 행동의 첫 번째 진입장벽은 바로 '시작' 그 자체다.

진심으로 습관을 만들고 싶다면 일단 행동부터 해야 한다

많은 이들이 '지금 당장 행동해야 한다'는 절박한 필요를 느낀다. 뒤의 '미루는 습관'에서 자세히 다루겠지만, 특히 일을 미루는 사람들은 모두 마음속으로는 누구보다도 그 일을 잘하고자 하는 절박한 요구를 가지고 있다. 중요한 시험을 앞두고 있어서 매일 준비를 해야 하는 사람, 보고서를 마무리하지 않으면 직장에서의 경력과 평판에 상당한 손상을 입을 사람, 지금 이 순간에도 건강이 망가지고 있어서 하루라도 빨리 운동을 시작해야 하는 사람, 몇 년간 만나지 못한 절친과 만나고 싶은 사람, 부모님에게 한동안 드리지 못했던 안부 전화를 드리고 싶은 사람, 내일까지 원고를 마무리해야 하는 나 같은 사람까지… 이들의 요구는 진심이다.

그들은 일을 미루고 싶어서 미루는 것이 아니다. 그들은 모두 지금 당장 일을 해야 한다는 것을 알고 있고, 진심으로 이를 원한다. 그런데 그 행동을 시작하기가 너무나도 힘들다. 그래서 마음만 가득한 채 계속 조바심만 친다.

가득한 진심이 행동으로 이어지지 않는 사례는 우리 주변에 많다. 물론 마음은 중요하다. 그러나 그 마음이 행동으로 드러나지 않으면 그 어떤 효과도 만들어내지 못한다. 습관은 더욱 그렇다. 진심으로 습관을 만들고 싶다면 일단 행동부터 해야 한다.

진심이 가득해도
행동이 없으면 그것으로 끝!

행동 없이도 생기는 습관이 있긴 하다. 이런 습관은 행동을 더 하지 않게 만드는 결과를 가져온다.

우선 '상상만 하는 습관'이 있다. 뇌는 직접 행동하는 것보다 남이 하는 행동을 보면서 마치 자기가 하는 것처럼 느끼는 쪽을 더 선호한다. 뇌의 한구석에서는 상상과 현실을 같은 것으로 간주할 수 있기 때문이다.

예전에는 TV나 라디오로 운동경기 중계를 보면서 마치 자신이 그 경기장에서 뛰는 선수 혹은 경기의 감독, 코치인 것처럼 느끼는 경우가 여기에 해당되었다. 소설을 읽거나 드라마, 영화를 보면서 주인공에 빙의하는 것도 여기에 해당했다. 그런데 현대 정보사회가 제공하는 온라인 공간과 소셜미디어는 상상만 하는 습관의 영역을 더 늘려놓았다.

'자신이 할 행동의 책임을 누군가에게 떠넘기는 행동'도 이렇게 상상만 하는 사람들이 빠지기 쉬운 습관일 수 있다. 자녀에게 해주어야 할 행동을 제대로 하지 않은 부모들이 교사나 다른 누군가에게 그것을 과도하게 요구하거나, 자기 할 일을 제대로 하지 않은 상사가 부하에게 더 많은 간섭을 하는 것도 여기에 해당한다. 그렇게 해서 얻을 수 있는 실질적인 이득은 없다. 하지만 책임을 남에게 돌리고 그 남에게 자신이 해야 할 일까지 요구하면 적어도 내가 아무 일도 하지 않았다는 사실을 잊을 수 있고, 뭔가 큰일을 한 것 같은 착각까지 할 수 있다. 뇌의 입장에서는 역시 이것들도 실제 행동처럼 받아들일 수 있다.

평소에 행동은 하지 않고 진심만을 절절하게 이야기하는 사람들을 보시라. 그런 사람들이 약속을 어기고, 거짓말하고, 뒤통수를 치곤 한다. 그들에게 악의는 없었을지 모른다. 단지 행동이 없는 진심만 있었을 뿐이다. 어쩌면 그 사람들은 여러분 뒤통수를 치고 도망갈 때조차도 마음속으로는 보란 듯이 약속을 지키는 멋진 자신의 모습을 '생각'하고 있을지도 모른다.

아무 생각 없이 그냥 행동을 시작하면 그게 평생 가는 습관의 시작이다

의지가 아무리 강하고 진심이 가득해도 행동이 없으면 그것으로 끝이지만, 반대로 아무 생각 없이 그냥 행동을 시작하면 그게 평생 가는 습관의 시작이 된다. 게임이 그렇다.

게임을 처음 시작할 때 내가 이걸 앞으로 몇 년간 계속 하겠다는 계획이나 의지를 가지고 시작하는 사람이 누가 있을까. 오히려 그 반대가 대부분이다. '오늘 심심하니까 잠깐만 한번 해볼까? 해보고 아니면 말지 뭐'라는 가벼운 마음으로, 장기적 계획이나 목표 따위는 완전히 백지인 상태로 시작하는 것이 게임이다. 그런데 그렇게 시작한 게임이 몇 년간 계속된다.

내가 〈포켓몬고〉를 시작한 지는 이제 거의 10년이 되어간다. 처음 이 앱을 휴대폰에 설치할 때는 나 같은 끈기 없는 인간이 이 게임을 이리도 오래 할 줄은 몰랐다. 해야 하는 줄 알고, 해야 할 필요도 있고, 하지 않으면 큰일 나는 일은 시작하지 못해 곤경에 빠지는 인간이 굳이 할 필요도 없고, 그거 한다고 얻는 것도 없는 게임은 가볍게 시작해서 이렇게 꾸준하고 성실하게 계속한다니…. 인생의 아이러니가 바로 여기 있다.

습관을 만드는 건 행동이다. 이것은 분명한 사실이고, 절대로 변하지 않는 원칙이다. 생각, 계획, 의지, 신념 같은 건 행동 없이는 그냥 사라지고 만다. 오히려 어떤 행동에 대한 생각과 의지가 가득할수록, 그 행동을 시작하기는 더욱 어려워지곤 한다. 반면에 아무 생각 없이 행동을 하면 그때부터 진짜 변화가 시작된다. 게임은 바로 그렇게 아무 생각 없이, 그냥 행동하게 만든다. '시작하기'는 쉽지만 마스터하기는 어려운 인생의 변화를 시작하는 것이다.

보상이
반드시 필요하다

보상 없이는 습관이 자리 잡을 에너지가 생기지 않는다. 좋은 습관 전략일수록 어떻게 즉각적인 보상을 제공할 것인지에 초점을 맞춘다.

가장 좋은 보상은
즉각적이고 구체적인 보상

가장 좋은 보상은 어떤 보상일까? 내용을 떠나서 말하자면, 행동한 직후에 그 행동의 결과를 상세하게 알려주는 보상이 제일 좋은 보상이다. 디지털 게임들은 바로 이런 즉각적이고 구체적인 보상이라는 점에서 타의 추종을 불허한다.

〈포켓몬고〉를 하면 몬스터볼을 던질 때마다 얼마나 정확하게 던졌는지를 알려주고, 그 볼로 몬스터를 잡는 데 성공하면 그 몬스터가 어떤 녀석인지, 이번 사냥으로 내가 별의 모래와 경험치를 얼마나 받았는지도 알려준다.

〈월드오브탱크〉를 한판 끝내면 그 즉시 이번 게임에서 내가 포를 몇 발 쏴서 몇 퍼센트나 맞추었는지, 장거리에서 입힌 타격은 얼마나 되고 내가 전투에 기여한 점수가 몇 점인지를 순위까지 아주 정확하게 알려준다. 그리고 더 어려운 일을 해낼수록 그만큼 더 많은 보상을 준다. 그래서 내가 많은 보상을 받았다는 건 그만큼 큰일을 해냈다는 의미가 된다.

문제는 게임 밖 현실에서는 이렇게 즉각적인 보상을 받기가 어렵다는 점이다. 만약 게임 밖 현실에서 즉각적 보상을 제공할 수 있다면 그 효과는 엄청날 것이다.

1900년대 초반 '펩소던트'라는 치약회사의 성공비결도 여기에 있었다. 그 전까지 많은 치약들이 하얗고 빛나는 치아를 만들어준다고 광고했지만, 그런 효과는 양치질을 한 직후에 체감할 수 없었다. 그런데 펩소던트는 치약에 구연산과 박하향을 넣었다. 이를 닦고 나면 입안에서 화한 느낌과 함께 상쾌한 향기가 나도록 하기 위해서였다. 양치질 직후에 체감할 수 있는 보상을 만들어준 것이다. 펩소던트가 대성공을 거둔 이후 다른 치약들도 그 뒤를 따랐다.

1996년에 '페브리즈'라는 탈취제도 처음에는 아무 향기를 첨가하지 않은 상태로 판매했더니 전혀 팔리지 않았다. 악취는 익숙해지면 있는지 없는지 모른다. 악취는 없애주었으나 보상이 느껴지지 않은 것이다. 그래서 향료를 추가해 '상쾌한 향기'라는 체감할 수 있는 보상을 넣었다. 그 결과 페브리즈는 세계적인 히트상품이 되었다.

습관도 마찬가지다. 여러분이 어떤 행동을 하는 습관을 만들고 싶다면 그 행동의 보상을 받아야 한다. 다시 말해서 그 행동으로 인한 바람직한 결과를 느낄 수 있어야 한다.

그 보상이 대단할 필요는 없다. 행동을 할 때마다 매번 받지 않아도 된다. 오히려 드문드문 받는 간헐적인 보상이 매번 받는 보상과 효과는 동일하면서 더 오래 지속된다. 그러나 보상을 받으려면 행동을 한 직후에, 당장 받아야 한다. 당장 받는 보상이 없으면 절대로 그 행동은 습관이 되지 못한다.

우리들은 어떻게
즉각적인 보상을 찾아야 할까?

그렇다면 펩소던트 회사가 아닌 우리들은 어떻게 즉각적인 보상을 찾아야 할까? 크지만 늦게 오는 보상보다 작지만 빠르게 얻을 수 있는 보상을 찾아내면 된다.

보상이란 바람직한 결과를 말한다. 그게 뭐든, 어떤 형태든 상관없다. 지금 현재보다 조금이라도 나아졌다는 걸 본인 스스로 느끼면 된다.

예를 들어 내가 배가 고픈데 아주 조금이라도 배고픔을 줄여준다면 그게 보상이다. 배고픔을 더 많이 줄여준다고 더 좋은 보상이 아니다. 사실 보상의 크기는 중요하지 않다. 즉각적으로 얻을 수 있는 보상이 좋은 보상이다.

지금까지 여러분이 시도했으나 실패했던 습관 만들기 계획을 모두 돌이켜보시라. 스스로 마음을 굳게 먹고 시작한 일이었을 것이고, 필요한 것이었으리라. 하지만 보상, 그것도 행동 직후에 따라오는 체감할 수 있는 보상이 빠졌을 것이다.

어떤 사람은 좋은 습관을 만들려면 처음에는 힘들어도 참고 계속하면 된다고 말한다. 반복하다 보면 습관이 될 거라는 말이다. 틀렸다. 그것이 무엇이든 반복만으로는 부족하다. 반드시 보상이 있어야 한다. 보상 없이 습관은 절대로 만들어지지 않는다. 문제는 보상을 잘못 생각한다는 점이다.

집안 청소의 보상을 생각해보자. 만약 먼지 하나 없이 깨끗한 집이나 방이 되는 그 순간을 보상이라고 생각한다면, 그 보상은 얻기가 쉽지 않다. 먼지는 정말 많이 쌓이기 전에는 눈에 잘 띄지 않는다. 눈에 보이지 않던 먼지를 치운다고 그것이 눈에 띄겠는가. 게다가 먼지는 청소를 하는 동안에도 계속 쌓이고 있다. 아무리 꼼꼼히 청소해도 먼지는 곧 내려앉을 것이다.

내가 이틀에 한 번 진공청소기를 돌린 뒤 얻는 보상은 다른 것이다. 바로 청소기의 투명한 먼지통에 쌓인 각질과 털, 그 외의 먼지들을 내 눈으로 직접 보는 순간이다. 그게 보인다는 건 내가 그만큼의 먼지를 제거했다는 뜻이다. 이 보상은 이틀 후 청소를 하면 또다시 받을 수 있다.

요컨대 내가 청소한 후에 받는 보상은 완벽하게 깨끗한 집이 아니라 '지금 당장 내 눈에 보이는 먼지'다. 가끔은 조금 적거나 많기도 한 그 먼지들은 청소를 마친 직후의 나를 뿌듯하게 해준다.

운동하는 습관도 마찬가지다. 만약 여러분이 멋진 체격, 두툼해진 허벅지나 어깨 근육을 운동의 보상으로 여긴다면 그 운동이 습관으로 자리 잡기는 어렵다. 왜냐하면 그런 결과물은 당장이 아니라 최소한 2~3개월간 운동과 섭식, 휴식을 체계적으로 계속해야 기대할 수 있기 때문이다.

꾸준히 운동하는 사람들이 느끼는 보상은 보다 즉각적이고 직접적인 것들이다. 예를 들어 운동 후에 느끼는 근육의 뻐근한 통증, 달리기에 에너지를 소진했을 때 느끼는 기묘한 성취감, 운동을 마친 직후에 느끼는 개운함 같은 것이다.

이런 즉각적인 보상들이 반복되다 보면 아예 운동을 하는 그 순간에 보상이 온다. 즉 근육에 전달되는 자극 자체를 보상으로 느끼는 것이다. 운동을 하면서 '맛있다'며 미친 사람처럼 미소 짓는 사람들이 바로 그런 상태다.

행동한 직후에 발견할 수 있는 보상이면 된다

좋은 습관들이 자리 잡기 어려운 가장 큰 이유가 즉각적인 보상을 찾기 어렵다는 점 때문이다. 몸에 나쁜 탄산음료는 마시는 순간 달콤함과 상쾌함이라는 보상을 준다. 그러나 몸에 좋은 맹물이 주는 갈증 해소 효과는 그렇게 명확하고 즉각적이지 않다. 그래서 좋은 습관을 만들고 싶다면 우선 보상을 찾아야 한다.

보상의 크기는 작아도 상관없다. 행동한 직후에 발견할 수 있는 보상이면 된다. 쉽지 않은 일이다. 세상은 가혹한 곳이어서 우리에게 호락호락 보상을 주지 않기 때문이다. 그러나 행동이 습관으로 자리 잡기 위해서는 반드시 보상이 필요하다. 뒤의 '습관 전략' 장에서 어떤 보상이 좋은 보상인지, 그리고 보상을 찾는 방법이 무엇인지를 다룰 것이다.

환경이
중요하다

습관의 신호는 환경에서 온다. 그래서 환경이 중요하다. 좋은 습관은 환경 자체를 바꿈으로써 완성된다.

우리는 주어진 환경에서
가능해진 일을 하고 있을 뿐!

〈포켓몬고〉가 한참 유행하던 2015년 쯤, 당시엔 나 말고도 여러 명의 직장 동료들이 〈포켓몬고〉를 즐기고 있었다. 동료들과 함께 포켓몬 레이드에 참가하려 포켓몬 체육관을 찾아가다가 갑자기 이런 생각이 들었다. '미래가 현실이 되었구나.'

　사람들이 스마트폰을 손에 들고 눈에 보이지 않는 가상의 존재를 잡겠다며 어디론가 걸어가는 장면이라니. 그보다 10여 년 전 사람들이 과연 상상이나 할 수 있었을까? SF 영화에서나 기대할 수 있었던 활동을 나이 마흔이 넘은 국책연구기관 직원들이 하고 있는 것이다. 지금 자기들이 얼마나 기괴한 행동을 하고 있는지 스스로 깨닫지 못한 채로 말이다.

모바일 인터넷과 스마트폰이라는 단말기, 그리고 이를 적절히 활용하는 활동을 고안한 게임 자체가 없었다면 이 모든 일은 불가능했다. 우리는 주어진 환경에서 가능해진 일을 하고 있을 뿐이다. 다른 환경이었다면 상상조차 못 했던 일이 2015년이 되자 아무런 위화감도 느끼지 못하고 그냥 할 수 있는 일로 바뀐 것이다.

우리 주변의 가장 많은 신호는
남이 하는 행동이다

환경의 힘은 강력하다. 모든 행동에는 조건이 필요하다. 신호는 바로 행동을 가능하게 만드는 기본 조건이다. 행동을 바꾸려면 환경을 바꾸어야 한다고들 하는데, 신호는 환경에서 오기 때문이다. 우리 주변에는 이 신호의 두 원천인 사람과 환경이 함께 존재한다.

우선 '환경'은 습관의 스위치인 신호의 원천이다. 일단 어떤 행동이 보상을 받아 습관이 되면 그때부터는 신호가 중요해진다.

우리 주변의 가장 많은 신호는 '남이 하는 행동'이다. 인간은 사회적 동물이고, 남이 하는 걸 따라 하려는 동조 본능이 잠재되어 있다.

지금 당신이 가진 습관 중에 남을 보고 배운 것이 최소 절반 이상이다. 여러분이 대화할 때 사용하는 단어들 대부분은 친구에게 배웠을 것이다. 소비 습관, 섭식 습관, 담배나 음주 습관도 마찬가지다.

어떤 사람의 집에 먹을 것들이 가득하다면, 그 사람은 다이어트를 하기가 어렵다. 눈에 보이는 모든 곳에서 먹으라는 신호가 들어오는데 안 먹을 수 있을까? 설상가상으로 그런 사람의 집에는 반드시 틈만 나면 먹는 사람이 함께 살고 있다. 그런 사람이 있으니까 집에 먹을 게 많은 것이다.

음식을 책으로 바꾸어 생각해보자. 어떤 집에 책이 많고, 그 집에 사는 사람들이 걸핏하면 책을 꺼내 읽는다면 어떨까? 그 집에 사는 아이는 책만 보면 책을 읽던 어른들이 생각날 것이고 당연히 책을 읽고 싶어질 것이다. 만약 그 집 어른이 아이가 책 읽는 걸 금지하고, 심지어 아이가 어른 몰래 책을 읽다가 들키면 벌을 준다고 해도 그 아이는 무슨 수를 써서든 책을 읽으려 들 것이다.

데이비드 버커스의 저서 『친구의 친구』에 따르면 친구가 비만일 경우 당신의 체중 증가 가능성은 45% 높아진다. 친구가 흡연자일 경우 당신이 흡연자일 가능성은 61% 높아지고, 친구가 행복할 경우 당신이 행복해질 확률은 15% 높아진다.

환경은 그 행동을 하기가
얼마나 쉬운지를 결정한다

환경은 어떤 행동의 접근성, 다시 말해서 그 행동을 하기가 얼마나 쉬운지를 결정한다.

제임스 클리어 J. Clear의 책 『아주 작은 습관의 힘』에 인용된 사례를 보자. 미국의 한 병원에서 직원들이 몸에 나쁜 과당 탄산음료 대신 생수를 많이 마실 수 있게 방안을 모색하고 있었다. 결국 찾아낸 방법은 환경을 재구성하는 것이었다. 예전에는 직원들이 간식을 먹으러 들르는 휴게실에서 생수를 마실 수 있는 곳은 정수기 단 두 곳뿐이었다. 병원에서는 여기에 더해서 바구니에 담은 공짜 생수병들을 테이블과 다른 간식 캐비닛 옆에 네 군데 더 배치하고, 원래는 과당 음료수만 넣어두었던 음료 자판기에도 생수를 함께 넣어둔 것이다. 그 결과 탄산음료의 판매량은 극적으로 줄어들었다.

2000년 이전까지만 해도 한국은 흡연자의 천국이었다. 담배를 물고 걸어 다니는 보행자들은 너무도 당연했고, 금연을 요구하는 실내 공간도 거의 없었다. 택시는 물론이고 시내버스에서도 담배를 피울 수 있었다. 그러다가 2010년대부터 금연정책이 시행되었고, 금연구역이 점차 확대되었다. 이제는 금연구역을 별도로 정하기보다는 흡연이 가능한 구역을 별도로 정하는 수준이다. 그 결과 흡연율은 극적으로 줄어들었다. 성인 남자의 경우 1998년에 66.3%가 담배를 피

웠으나 2020년에는 그 비율이 34%로 줄었다. 연기를 내뿜는 궐련 담배를 피우기 어려운 환경이 되자 많은 이들이 이 습관을 포기한 것이다.

수영하는 습관을 만들고 싶어도 주변에 수영할 수 있는 곳이 없다면 불가능이다. 수영장이나 체육관에서 하는 운동에 소모하는 시간은 '실제 운동에 사용하는 시간 + 체육관을 오가는 시간'이다. 만약 체육관까지 이동하는 데 30분이 걸린다면 운동시간에 왕복 한 시간을 추가해야 한다. 만약 그 한 시간이 없다면 다른 운동을 선택해야 한다.

실제로 내가 습관으로 유지하는 운동인 턱걸이와 스쾃은 모두 바로 내가 근무하는 공간에서 할 수 있는 것들이다. 가벼운 바벨 하나, 그리고 턱걸이 프레임을 방구석에 놓았기 때문이다. 만약에 체육관까지 가야 할 수 있는 운동을 습관으로 만들려고 했다면 나같이 게으르고 주의력이 산만한 인간은 결코 성공하지 못했을 것이다.

습관을 형성하기 위해서는 환경을 조정하는 것이 최선이다

앞서 빌 클린턴 전 대통령 사례를 들었는데, 그의 삶이 바뀐 것은 그의 어머니가 폭력적인 남편과 결별하고 새집으로 이사 간 다음부터

였다. 아마 계속 폭력적인 양아버지와 살았다면 클린턴이 아무리 좋은 습관을 만들었더라도 영국 옥스퍼드대학교로 유학 갈 수는 없었을 것이다.

해리스 교수도 마찬가지다. 어린 그녀가 아무리 도서관에서 많은 책을 읽었더라도 왕따당하던 학교에서 벗어나지 못했다면 그녀가 똑똑한 학생으로 인정받을 기회도 더 멀어졌을 것이다.

앞서 "습관을 바꾸면 환경이 나에게 보내는 힘의 방향을 조절할 수 있다"고 했다. 그러나 습관을 형성하기 위해서는 환경을 조정하는 것이 최선이다. 그리고 습관의 힘을 키워서 만들 수 있는 궁극의 변화는 환경을 바꾸는 것이다.

청소하는 습관은 자기 주변을 깨끗하고 정리된 환경으로 바꾼다. 건강한 음식을 먹는 습관은 그런 음식을 계속 먹을 수 있는 환경으로 자신을 이끌어간다. 하지만 내가 청소하는 습관을 키워도 주변이 계속 지저분하다면 청소 습관은 오래가지 못할 것이다. 건강한 음식을 먹으려고 해도 주변에서 구할 수 있는 음식들이 전부 정크푸드뿐이라면 건강한 섭식 습관이 생길 수 없다.

습관의 힘은
반복에 있다

반복은 힘든 일은 쉽게, 복잡한 일은 단순하게 변화시켜 더 계속하게 만든다. 그런데 우리는 많은 경우에 원치 않는 행동을 반복하고, 원하는 행동을 중도포기한다.

습관이 강력한 이유는
반복되기 때문이다

2000년대 초반에 〈배틀필드〉라는 게임을 시작했을 때, 나는 말 그대로 신세계를 경험했다. 인터넷을 통해서 영화 속에서나 보던 전쟁터에 뛰어들어 이리저리 구르며 총격전을 벌이고 심지어 탱크나 헬기를 조종하며 전투를 할 수 있다니! 그 게임 한판을 하는 동안 나는 〈라이언 일병 구하기〉 같은 실감 나는 영화를 한 편 찍는 것처럼 느껴졌다. 적의 스나이퍼에게 저격당하고, 되살아나서 그 저격수를 찾아가다 부비트랩에 당해서 또 죽고, 또다시 살아나서 이제는 탱크를 끌고 가 그 놈이 매복한 곳을 날려버리고… 말 그대로 영화 속 주인공이 된 기분이었다.

더 놀라운 건, 그렇게 풍부한 경험을 하는 데 걸린 시간이 채 10분이 되지 않았다는 사실이었다. 이렇게 짧은 시간에 많은 경험을 할 수 있다니, 그저 놀라웠다.

그런데 시간이 지나고 게임을 반복할수록 정반대 현상이 나타나기 시작했다. 대략 한 30분쯤 게임한 것 같은데 어느새 3시간이 훌쩍 지나 있었고, 예전보다 더 기가 막힌 순간을 만나도 예전만큼 가슴 벅찬 감동을 느끼지 못하는 일이 벌어졌다.

이처럼 게임을 반복할수록 길게 느껴지던 시간은 짧게 느껴지게 되고, 무겁게 느껴지던 경험은 더 가볍게 느껴진다. 그런데 이런 변화는 다른 행동에서도 마찬가지로 일어난다. 바로 그것이 반복의 힘이다.

습관은 행동으로 시작해서 보상을 얻어 자리를 잡고, 신호를 통해 작동 스위치가 켜지며, 갈망을 통해서 지속할 연료, 즉 동기를 얻는다. 이 습관 4대 요소는 습관을 구성하는 핵심 요소다. 이 4대 요소는 모든 습관에 반드시 존재하는 요소들이고, 이것 중 하나라도 빠지면 습관이 되지 않는다. 하지만 이것만으로는 습관의 완성이라 할 수 없다. 마지막 필수 요소가 하나 더 있다. 그것은 '반복'이다.

물론 모든 습관은 자동화될 것이고, 자동화된 습관은 계속 반복될 것이다. 반복될수록 습관이 지속되려는 관성력은 더 커질 것이다. 습관의 무서움은 이 반복에 있다. 아주 작고 사소한 습관이라도 우리 삶에 깊은 흔적을 남기고 심지어 삶을 바꾸기까지 하는 이유는 그것이 반복되기 때문이다.

시간 간격을 두고 꾸준히 반복해야 습관으로 자리 잡힌다

에빙하우스H. Ebbinghaus가 1885년에 쓴 『기억: 실험심리학에의 기고 Memory: A Contribution to Experimental Psychology』는 학습심리학 분야의 기본 원리를 제시하는 책으로 모든 심리학 교과서에 빠지지 않고 인용되는 고전이다. 그가 발견한 기억의 핵심 원리는 '반복'이다.

다시 말해서 어떤 것을 잘 기억하고 싶으면 반복해서 외워야 한다는 것이다. 한 번에 몰아서 외우는 것은 효과가 오래가지 않는다. 하지만 시간 간격을 두고 반복하면 오래 기억된다.

에빙하우스의 실험 결과, 아무리 열심히 외워서 완벽하게 기억하게 된 내용도 한 시간이 지나면 60%가 사라진다. 그런데 그 한 시간이 지났을 때 딱 한 번만 더 외우면 기억은 훨씬 더 천천히 사라진다. 그리고 다시 한 시간 후에 한 번 더 외우면 이제는 기억이 사라지는 속도가 더 느려진다. 그 후로 한 시간이 지나도 70% 이상이 기억에 남는다. 그 한 시간 후에 또 한 번 더 외우면 이제는 시간이 지나도 계속 기억되는 내용이 전체의 90% 정도 된다.

그러니까 한 번 완벽하게 외운 정보를 오래 기억하고 싶으면 시간 간격을 두고 드문드문 반복해야 한다. 한 번에 몰아서 하는 건 의미가 없다. 최소한 한 시간 간격을 두고 딱 한 번씩만 반복하면 된다.

우리는 이 사실을 이미 경험을 통해 알고 있다. 시험을 앞두고 벼락치기로 공부한 것들은 시험이 끝나면 금세 잊힌다. 하지만 진도에 맞추어 하나씩 따로따로 외우고 시간 날 때마다 복습한 내용은 나중에 더 많이 기억된다.

습관은 몸이 기억하는 행동이다. 어떤 행동이 몸에 완전히 스며들어서 자연스럽게 튀어나오게 되면 바로 그게 습관이다. 기억과 마찬가지로 습관은 어떤 행동을 한 번에 몰아서 열심히 한다고 해서 우리 몸에 뿌리박히지 않는다. 시간 간격을 두고 꾸준히 반복해야 자리 잡힌다.

좋은 습관을 가지고 싶다면
좋은 행동을 매일 조금씩 반복하라

그런데 많은 사람들이 이와는 반대로 행동한다. 내가 가지고 싶은 습관은 그걸 가지고 싶다고 느낄 때, 그때 한 번에 몰아서 열심히 한다. 지칠 때까지 아주 열심히! 그러고는 만족하고 쉰다. 그렇게 시간을 보내는 동안 결국 그 행동은 습관이 되지 못하고 사라진다. 나중에는 "내가 그 습관 만들려고 정말 노력했지. 그런데 잘 안되더라고"라고 말할 것이다.

반면에 없애고 싶은 습관에 대해서는 정반대로 행동한다. 어떤 습관을 없애고 싶다는 마음이 들 때 그 습관 행동을 절대로 다시는 하지 않겠다고 스스로에게 다짐한다. 한동안은 그 결심을 지킨다. 그러다가 시간이 지나면 어느 순간 자기도 모르는 사이에 그 습관 행동을 한다. 그러고는 그 행동을 한 자신을 질책하며 또 스스로에게 다짐을 한다. 그리고 시간이 지나서 다짐이 흐릿해지면 아무 생각없이 다시 그 행동을 한다. 그 행동을 시간 간격을 두고 반복하는 것이다.

앞서 에빙하우스가 말했던 기억의 비결이 '시간 간격을 두고 딱 한 번씩만 반복하는 것'이었음을 기억하시리라. 지금 여러분은 이 비결이 자신의 의도와는 정반대로 작동하는 장면을 보고 있다. 만들고 싶고 가지고 싶은 습관에는 이 비결을 쓰지 않고, 오히려 없애고 싶은 습관에 적용하는 것이다. 좋은 습관은 잘 안 생기고 나쁜 습관이 사라지지 않는 이유가 바로 여기에 있다. 오히려 나쁜 습관을 없애려는 시도가 반복될수록 그 나쁜 습관이 사라지기는커녕 더 깊숙이 우리 몸과 마음에 자리 잡는다.

운동을 생각해보시라. 단 하루 동안 전문가의 지도를 받아가며 열심히 운동을 해도 그것만으로 근육이 생기지는 않는다. 오히려 근육통에 시달리고, 부상을 당하기도 한다. 하지만 5분짜리 짧은 운동을 매일 하면 몸은 반드시 변한다. 즉 하루에 2시간 빡세게 운동하는 것보다는 같은 2시간을 매일 5분씩 24일간 나누어서 운동에 사용하는 것이 근육을 만드는 데 더 효과적이다. 다른 행동도 마찬가지다.

그것이 무엇이든 여러분이 어떤 행동을 자기 것으로 만들기 위해 아무리 열심히 강도 높게 스스로를 다그치더라도, 그 노력을 딱 한 번에 몰아서 하면 그건 헛수고다. 반대로 그 행동을 매일 딱 한 번씩만 하면, 시간이 지날수록 변화가 일어나게 되어 있다.

중요한 것은 한 번에 쏟아붓는 노력이 아니다. 매일 조금씩 반복하는 꾸준함이다. 습관의 힘은 여기서 나온다. 작은 반복은 눈에 잘 띄지 않는다. 그러나 작은 반복이 큰 한 방과는 비교할 수 없을 만큼 큰 영향을 미친다.

큰일도
작게 쪼개면 쉽다

우리가 이루어내는 모든 위대한 일들은 결국은 작게 나뉜 스테이지를 하나씩 클리어한 결과물이다.

모든 게임은 큰일을
작게 나눠서 하도록 설계되어 있다

다시 놀런 부슈널의 "좋은 게임은 배우기는 쉽지만 마스터하기는 어려운 게임이다"로 돌아가보자. 앞서 이 원칙의 의미는 시작하기 쉬워야 한다는 것이라고 설명했다. 다시 말하자면 좋은 게임은 진입 장벽이 낮아야 한다는 뜻이다.

이는 습관도 마찬가지다. 하루에 1km도 걷지 않던 사람에게 매일 10km를 달리는 습관을 요구하면 대부분은 도망갈 것이다. 진입장벽이 너무 높은 것이다. 그런데 게임은 누구나 쉽게 한다. 그렇게 진입장벽을 낮추는 비결 중 하나는 큰일을 작게 쪼개는 것이다.

〈포켓몬고〉를 다시 소환해보자. 이 게임에 들어가서 내가 처음 하는 일은 그날의 퀘스트를 완수하는 것이다. 〈포켓몬고〉에서 '필드리서치'라고 부르는 이 일일퀘스트는 매우 단순하다. 포켓몬 한 마리 잡기, 포켓스톱 한 번 돌리기, 그러고는 무작위로 주어지는 단순한 퀘스트를 하나 완수하는 것이다.

어떤 때는 포켓몬 5마리 잡기가 될 수도 있고, 어떤 때는 포켓몬 한 마리를 진화시키기가 되기도 했다. 어쨌든 그 퀘스트 하나를 끝내면 그날의 할 일은 끝났다고 할 수 있다.

이렇게 매일 그날의 퀘스트를 하나씩 완수하는 날이 일주일간 계속되면, 마지막 7일차에는 일일퀘스트를 끝냈을 때 상당히 큰 보상을 준다. 개근상을 주는 셈이다. 따라서 하루에 하나 이상 퀘스트를 끝내는 건 매우 중요하다. 무엇보다 단순하고 쉽게 할 수 있다.

흥미로운 일은 그다음부터 일어난다. 일단 해야 할 일, 그런데 아주 쉬운 일을 끝내고 나면 이제는 그깟 퀘스트 하나쯤 더 해보고 싶어지는 것이다. 이럴 때를 위해 〈포켓몬고〉는 추가 퀘스트를 준비해 놓았다. 체육관을 점령해서 일정 시간이 지나면 하루 최대 50코인까지 보상을 주는 퀘스트나, 특정한 유형의 몬스터를 잡아야 하는 주간 퀘스트 같은 것들이다.

어쨌든 이미 해야 할 일을 마친 나는 '그 정도쯤이야'라는 마음으로 다른 퀘스트에도 손을 댄다. 작게 시작해서 점점 커지는 경로에 발을 들이민 것이다.

이처럼 모든 게임은 큰일을 작게 나눠서 하도록 설계되어 있다. 오락실 게임 시절부터 그랬다. 스테이지stage가 바로 그렇게 나누어진 단위들이다. 아무리 거대한 게임이라고 해도 하루에 몇 스테이지씩 클리어하다 보면 결국 엔딩에 도달하게 되어 있다.

큰일을 하려면
시작할 때 작게 시작하라

지금 나는 게임 이야기를 하는데, 사실 이건 게임만의 이야기가 아니다. 이렇게 큰일을 작은 단위로 쪼개서 하는 것은 모든 작업의 기본 전략이다.

습관 전문가들은 누구나 할 것 없이 "큰일을 하려면 일단 그 일을 한 번에 쉽게 완료할 수 있는 작은 단위로 나누는 것부터 하라"고 조언한다. 주변에 유능한 사람들을 잘 살펴보면 다들 업무를 나누는 일부터 시작한다는 사실을 알게 된다. 그리고 이렇게 큰일을 작게 나누면 저절로 시작하기는 쉽고 계속하기도 쉬워서 그냥 하다 보니까 처음 보기엔 엄청나게 크고 힘든 일을 대수롭지 않게 끝내버리는 결과에 도달할 수 있다.

모든 습관은 아주 쉬운 것부터 시작된다. 그리고 그 작은 행동이

아무리 어려운 일도 단계로 나누어 하나씩 공략하면 해결할 수 있다.
문제는 그 단계를 나누고 하나씩 집중하는 것이다.

축적되면 처음에는 상상하지 못했던 결과까지 만들어낸다. 히말라야를 등반하는 사람들도 처음에는 동네 뒷산 오르기부터 시작했을 것이고, 세계적 마라토너도 가벼운 조깅 혹은 짧은 달리기에서 시작했을 것이다. 나를 글 쓰는 길로 이끌어준 일기 쓰는 습관도 처음에는 자뻑으로 가득한 글 몇 줄로 시작했다.

좋은 습관만 작게 시작되는 게 아니다. 가끔 뉴스를 통해 볼 수 있는, 도저히 사람이 살 수 없을 만큼 각종 쓰레기로 가득 찬 방도 처음에는 버리지 않은 음식 배달 포장용기 하나부터 시작된다.

어떤 습관을 고쳐보려고 시도한 분들이라면 어째서인지 고치려는 나쁜 습관이 잘 고쳐지지 않는다는 걸 아실 거다. 좋은 습관을 들이려는 분들은 반대로 좋은 습관이 나에게 잘 스며들지 못하는 경험도 하셨으리라. 그 이유가 뭘까?

여러 가지가 있겠지만 그중 하나는 '한 방에 끝내느냐, 작게 여러 번 하느냐'다. 습관을 만드는 행동은 처음에는 작아 보이지만 반복되면 엄청난 결과가 나온다. 그래서 습관 전략은 아주 작은 행동으로 시작하는 것이다. 바늘 도둑으로 시작해서 소도둑이 되는 것이 습관 전략의 핵심이다.

시작할 때 작게 시작하는 또 다른 이유는 뭐든지 시작이 제일 힘들기 때문이다. 행동에는 관성의 힘이 작동한다. 아무것도 하지 않던 상태에서는 뭔가를 시작하기가 정말 힘들다. 그런데 일단 작게라도 시작하고 나면 이제는 오히려 멈추기가 어려워진다. 가만히 있는 물체를 움직이려고 하면 힘들지만 일단 움직이기 시작하면 오히려 멈추는 게 더 힘든 '관성의 법칙'과 마찬가지다. 그래서 거의 모든 습관 전문가들이 "처음 시작할 때는 아주 작게 하라"고 말하는 것이다.

3장

나쁜 습관은
왜 지우기가 어렵나?

> 〈세상에 나쁜 개는 없다〉라는 프로그램이 있다. 문제행동을 보이는 반려견들을 바람직한 행동을 하도록 교정하는 방법을 보여주는 프로그램이다. 그 프로그램에 등장하는 반려인 중에 '우리 개에게 나쁜 버릇을 가르쳐야지'라는 의도를 가진 사람은 아무도 없다. 그들은 자기 개를 아끼고 사랑한다. 나쁜 버릇을 고쳐보려고 노력도 한다. 그러나 그들의 그 좋은 의도와 노력이 오히려 반려견의 나쁜 행동을 만들어내고 키운다.

우리가 가진 나쁜 습관들은 이런 나쁜 개와 비슷하다. 그 습관들 대부분은 처음에는 좋은 의도와 바람직한 목적을 가지고 있었지만 결과적으로는 나쁜 습관이 되어버렸다. 그리고 그렇게 자리 잡은 나쁜 습관은 지겹게도 버틴다. 바로 내 이야기다. 내가 가진 습관 중에서 쓸 만한 습관은 손에 꼽을 정도다. 게다가 계속 유지하고 싶은 좋은 습관들은 자꾸 사라지는 반면, 별로 유지하고 싶지 않고 바람직하지도 않은 습관들은 지겹게도 계속 남는다.

행동주의 심리학의 원리에 따르면 이럴 수는 없다. 우리는 환경으로부터 보상을 받는 행동을 계속하도록 만들어진 존재다. 인류를 포함한 모든 생명체들이 지금까지 생존하고 번성한 비결이 그것이다. 그런데 왜 이렇게 나쁜 습관은 지우기가 어려운 걸까? 나쁜 습관도 습관의 기본 요소를 갖추고 있기 때문이다. 사실상 나쁜 습관은 우리가 가진 습관 중에서 습관의 4대 요소가 가장 단단하게 완성된 경우일 것이다. 나쁜 습관은 오래전부터 우리 속에 자리 잡았고, 그 어떤 습관보다도 내 취향과 내가 살아가는 환경에 맞추어 각 요소를 조절해왔다. 그리고 나쁜 습관은 이미 우리의 현재를 어느 정도 만들어온 주체이기도 하다. 그 결과 우리도 모르는 사이에 우리는 나쁜 습관에 보상을 주고, 나쁜 습관이 던지는 갈망에 이끌려 행동한다.

따라서 반드시 나쁜 습관에 대한 이해가 필요하다. 나를 알고 적을 알아야 전쟁에서 이길 수 있다. 나쁜 습관의 생존 비결을 알아야 그 나쁜 습관을 어떻게 좋은 습관으로 대체할 수 있을지도 알 수 있다.

왜 나쁜 습관을
고치지 못할까?

당신의 나쁜 습관은 당신과 가장 오랜 시간을 함께한 절친이자 동료다. 나쁜 습관으로부터 벗어나려면 우선 그 나쁜 습관들이 어떻게 오랫동안 버텼는지를 이해해야 한다.

나쁜 습관의 힘은
어디서 올까?

대부분의 사람들은 좋은 습관을 가지려고 노력한다. 하지만 성공한 경우는 많지 않다. 그냥 새로운 습관을 들이면 된다고 생각하기 때문이다. 그러나 그것은 잘못된 생각이다. 좋은 습관을 가지려면 이미 있던 나쁜 습관을 새로운 습관으로 교체해야 한다.

습관은 고쳐서 쓰는 게 아니다. 있던 걸 밀어내고 새로 들이는 것이다. 이 과정에서 이미 있던 습관과 새 습관이 서로 경쟁할 수밖에 없다. "아예 초보를 가르치는 것이 쉽다"는 말에 모든 분야의 기술

나쁜 습관은 왜 지우기가 어렵나?

교육 교사들이 동의할 것이다. 생초보는 버려야 할 나쁜 습관이 없기 때문이다. 하지만 제멋대로 배운 애매한 초보들은 나쁜 습관을 이미 가지고 있어서 새로운 습관을 들이려면 2배 고생해야 한다.

요컨대 좋은 습관을 키우는 과정은 이미 있던 나쁜 습관과 새로 들이려는 좋은 습관 간의 전쟁이다. 그렇기 때문에 백지상태에서 새 습관을 만드는 것보다 2배 이상 힘든 것이다. 아무리 새 습관이 바람직하고 장기적으로 이익이 되더라도 이미 있던 나쁜 습관을 이기지 못하면 결코 살아남을 수 없다.

어떤 영역이든 좋은 습관과 나쁜 습관이 같이 있다면 반드시 경쟁하게 되어 있고, 그 경쟁에서 진 쪽이 밀려나게 되어 있다. 그런데 많은 경우에 나쁜 습관이 이긴다. 어째서 그럴까? 나쁜 습관이라는 걸 내가 알고 있고 그걸 고치겠다는 의지도 가지고 있고, 심지어 대안이 되는 좋은 습관을 열심히 밀어 넣어도 나쁜 습관은 의연하게 버텨낸다. 그 비결이 뭘까? 나쁜 습관의 힘은 어디서 올까?

이 전쟁에서 이기려면 왜 나쁜 습관이 여전히 우리 마음을 지키고 있는지를 먼저 알아야 한다. 적을 알고 나를 알아야 전쟁에서 이길 수 있으니까. 앞서 살펴본 습관의 4대 핵심 요소를 기준으로 나쁜 습관에 대해 알아보자.

엄청나게 많이 반복된
나쁜 습관 행동

첫 번째로 행동 요소를 살펴보자. 여기서 나쁜 습관의 강점은 '관성'이다. 나쁜 습관들은 이미 오래된 습관이기도 하다. 오래되었다는 건, 그 나쁜 습관 행동이 엄청나게 많이 반복되었다는 뜻이다. 행동은 반복될수록 그 자체의 관성이 생긴다.

행동의 관성은 좋은 습관이든 나쁜 습관이든 상관없이 발현된다. 대부분 이미 바꾸거나 고치려고 했음에도 버텨낸 습관들이다. 그러니 여전히 남아서 굳어진 습관으로 군림하는 것이다.

반면에 바꾸고 싶은 좋은 습관은 이제 막 자리 잡으려는 가녀린 신참이다. 관성력은커녕 반복 횟수도 적다. 반복하는 데 몇 번 실패하고 나면 흐지부지 사라질 운명이다.

나쁜 습관들이 주는
당장의 보상은 달콤하다

두 번째로 보상의 측면에서 살펴보자. 나쁜 습관들은 대개 단기적으로 확실한 보상을 준다. 보상을 받으면 좋은 습관 아니냐고? 나쁜 습관들도 나름의 보상을 준다. 그 단기적 보상이라는 게 장기적으로는 보상이 되지 않으니까 나쁜 습관일 뿐이다.

예를 들어 나쁜 섭식 습관이 주는 당장의 보상은 맛이다. 정크푸드는 맛있다. 게임도 처음 시작할 때는 정말 재미있기만 하다. 나쁜 매너는 어떨까? 줄이 길면 슬쩍 새치기를 하고, 장애인보다 먼저 엘리베이터에 타고, 남을 무시하거나 비아냥거리는 등의 행동은 나쁜 매너지만 이것들 모두 즉각적인 보상을 준다. 새치기를 하면 조금이라도 일찍 자기 차례가 온다. 장애인 엘리베이터 앞에서 장애인을 제치면 남들보다 편하게 몇 초라도 더 빠르게 이동할 수 있다.

대인관계에서 상대를 무시하거나 비아냥거리는 매너는 어떨까? 이런 행동은 사회적인 공격이다. 대부분의 정상적인 사람들은 상대가 이유 없이 먼저 공격해 들어오면 방어하면서 양보하고 물러난다. 그러니 당장은 그 더럽고 험악한 태도가 이득이 된다. 즉각적인 보상을 주는 것이다.

반면에 좋은 습관은 지금 당장 외적인 보상을 받지 못할 가능성이 높다. 대부분의 긍정적인 변화는 지금 당장 나타나기보다는 좋은 행동을 여러 번 반복한 다음에야 드물게 나타난다.

일찍 자는 습관을 생각해보자. 늦게 자던 사람이 갑자기 일찍 자려고 하면 잠이 안 온다. 누워서 시간을 낭비하는 것 같다. 일찍 자는 행동은 정말 그 행동이 반복되어 습관이 된 다음에야 수면의 질을 향상시켜준다. 그 전까지는 지루하고 힘들 것이다.

몸에 좋은 음식도 마찬가지다. 먹는 순간부터 맛있다고 느껴지는 건강식은 드물다. 정크푸드가 훨씬 자극적이고 맛있다. 하지만 좋은 음식일수록 자꾸 먹다 보면 그 깊은 맛에 눈을 뜬다. 이처럼 좋은 습관의 보상은 상대적으로 느리게 발견되기 때문에 나쁜 습관에 비해 불리하다. 그래서 좋은 습관이 자리 잡으려면 습관형성에 도움이 될 주변 환경이나 전략적인 지원이 필요하다.

나쁜 습관들이 가진 신호의 힘은 왜 강력한가?

세 번째로 신호의 측면에서 살펴보자. 나쁜 습관의 행동을 유발하는 신호는 그 나쁜 습관의 역사만큼이나 오래전에 형성된 것이다. 그래서 나쁜 습관은 과거의 추억, 심지어 자신의 정체성과 연결되어 있는 경우가 많다. 즉 나쁜 습관은 내가 건강하고 잘나가던 시절의 기억인 경우가 많다.

예를 들어 게임하는 습관을 생각해보자. 아주 어릴 적부터 컴퓨터로 게임을 했던 습관이 이제 컴퓨터만 보면 게임이 떠오르게 되는 신호로 자리 잡았을 것이다. 습관성 음주자들은 신제품 술보다는 예전에 마셨던 술을 더 선호하는데, 그건 추억 때문이다. 그들에게 술은 젊은 시절 친구들과 정신 잃을 때까지 함께 마셨던 술자리의 추억, 그 친구들과의 우정, 삶의 무게가 조금이나마 가볍던 시절에 대한 그리움을 소환한다. 오래된 술꾼들은 단지 술이 아닌 이전의 추억을 마시는 셈이다.

이렇게 자신의 과거사나 정체성과 관련된 신호는 잘 지워지지 않는다. 이제 막 만들어가고자 하는 습관이 가진 신호의 힘은 그에 비하면 거의 없는 것이나 마찬가지다.

나쁜 습관에도
갈망이 있을까?

네 번째로 갈망의 측면에서 살펴보자. 나쁜 습관을 향한 갈망은 금단증상에 의존하는 경향이 있다. 담배나 알코올의 금단증상은 다들 아실 것이다. 이런 약물중독은 하지 않으면 상태가 더 나빠지기 때문에 어쩔 수 없이 하는, 몸이 생화학적으로 의존한 결과다. 그런데 다른 나쁜 습관들도 비슷한 증상이 있다. 나쁜 습관들 대부분은 과거에 잠깐씩은 짜릿한 승리감이나 만족감을 주었던 것들인데, 시간이 갈수록 그 효과가 떨어지고 오히려 부작용만 커진다는 공통점이 있다. 오랫동안 좋은 결과를 가져다주면 그건 나쁜 습관이 아니라 좋은 습관이니까 말이다.

갈수록 나쁜 결과가 축적되는데도 계속하는 이유는 그걸 안 하면 더 나쁘기 때문이다. 예를 들어 저속한 언어습관에 익숙해진 사람은 점잖은 단어들을 잘 모른다. 그들의 어휘력이 비속어 중심으로 구성되어버렸기 때문이다. 이제는 그 언어습관 때문에 주변에서 부당한 대우를 받지만 비속어에 의존하던 습관을 대체하기는 더 어렵다. 남들의 눈살을 찌푸리게 하지 않는 단어들을 쓰자니 어눌해지고, 조금이라도 유창해지려고 하면 익숙한 예전 단어들이 튀어나온다. 대부분의 나쁜 습관이 그렇다. 계속 지속한다고 해서 좋은 결과를 얻는 것은 아니지만, 그걸 버리면 더 나쁠 것 같다.

나쁜 습관의 강점이 없는 분야는 장기적인 보상뿐이다.

지금까지 설명한 내용을 정리하면 아래 표와 같다.

	나쁜 습관	좋은 습관
행동	오래 반복됨	최근에 시작함
단기적 보상	확실히 있음	보장되지 않음
장기적 보상	거의 없음	기대할 수 있음
신호	과거에 형성됨	이제 만드는 중
갈망	금단증상에 의존	긍정적 만족감에 의존
예	저속한 언어습관, 나쁜 매너, 건강에 나쁜 섭식습관, 게임중독, 흡연·과음 습관 등	규칙적인 생활습관(수면, 섭식, 운동), 꾸준히 일하는 습관, 친절한 언어·행동 방식 등

표에서도 알 수 있듯이 우리가 살펴본 나쁜 습관들은 '행동, 보상, 신호, 갈망'이라는 습관의 4대 요소에 모두 강점을 가지고 있다. 나쁜 습관의 강점이 없는 분야는 장기적인 보상뿐이다. 이 장기적인 보상은 좋은 습관이 정착되어 오랫동안 반복된 다음에야 기대할 수 있다. 가능성은 있으나 습관 전쟁에서 이기기 전에는 그냥 헛된 바람일 뿐이다.

대표적인 나쁜 습관들을 하나씩 살펴보면서 왜 내가 이 지겨운 나쁜 습관에서 벗어나지 못하는지 확실히 이해해보자.

비교하는
습관

비교하는 습관은 정신건강을 갉아먹는 최악의 멘탈 습관이다. 그런데 현대 사회에서 이 습관의 함정은 도처에 깔려 있다.

비교하는 습관은
내 삶을 망치는 최악의 멘탈 습관

내가 지금 일하는 직장에 막 취직했을 때의 일이다. 연구실 배정을 받을 때, 나는 아무 생각 없이 회사에 남은 빈방 중 하나를 골랐다. 기분이 좋았다. 드디어 내 개인 연구실이 생겼으니까. 공간도 꽤 넓었고, 창밖으로 보이는 풍경도 좋아 보였다.

함께 입사한 동료의 방을 구경하기 전까지는 그랬다. 무엇보다 기둥이 문제였다. 내 방 중앙으로 기둥이 있었는데, 동료의 방에는 그런 기둥이 없었다. 전체 크기는 내 방이 아주 약간 더 넓었지만 기둥 때문에 유효한 공간은 오히려 작았다. 책상을 놓을 때도 기둥을 피해야 했다. 그런데 동료의 방에는 기둥이 없어 모든 것이 제대로 들어설 수 있었다.

갑자기 속이 쓰렸다. 후회가 되었다. '왜 제대로 알아보지 않고 성급하게 방을 골랐지?' 화도 났다. '왜 나에게 이 방을 먼저 보여주지 않았지?' 그 후로 몇 개월간 방에 들어설 때마다 이런 기분을 느껴야 했다.

지금 돌이켜보면 내 방은 좋은 방이었다. 처음 느낀 것처럼 전망도 좋고, 공간도 넓었다. 무엇보다 나에게 그런 공간이 주어졌다는 것 자체가 기쁘고 감사한 일이었다. 그런데 뿌듯함이 아니라 후회와 분노라니! 그런 감정들은 신입 연구원이 자기 연구실에 들어서면서 느낄 감정은 아니었다.

도대체 왜 그랬던 걸까? 그 이유는 내가 비교했기 때문이다. 비교는 겉으로 드러나는 행동보다는 생각의 습관에 가깝다. 그러나 그 어떤 행동보다도 우리의 현재와 미래에 영향을 미치는 습관이다.

- **인생이 너무 재미있어서 문제인가?**: 남과 비교를 하시라. 사는 재미를 지우는 데는 비교가 최고다.
- **내 자존감이 너무 높아져서 문제인가?**: 남과 비교를 하면 된다. 자존감을 깎아먹는 최고의 방법이 남과 비교하는 것이니까 말이다.

- 너무 행복한가? 사는 게 너무 만족스러워서 힘드신 가?: 남과 비교를 하시라. 조만간 행복은 잊어버리고, 분노가 차오르기 시작할 것이다. 삶의 만족은 금방 날 아가버리고, 그 대신 불만이 쌓일 것이다.

남과 비교를 하는 습관은 내 삶을 망치는 최악의 멘탈 습관이다. 물론 나 같은 사람은 애초에 남과 비교해서 득 볼 것이 거의 없다. 그러면 나와는 달리 남보다 외모가 뛰어나거나 키가 크거나 힘이 세거나 혹은 그 외에 다양한 매력을 가진 사람들은 비교를 해도 될까? 결코 아니다. 아무리 잘난 사람도 남과 나를 비교하면서 살다 보면 자존감이 낮아지게 되어 있다. 비교가 자존감을 파괴하는 과정은 누가 잘났고 못났고의 문제가 아니다. 그냥 비교를 하다 보면 자존감이 허약해지게 되어 있다.

비교는 자존감만 훼손시키는 것이 아니다. 비교는 하면 할수록 내 모든 것을 상대적인 것으로 만들어버린다. 물론 모든 존재는 상대적이다. 내가 아무리 돈이 많아도 나보다 더 부자인 사람이 있기 마련이다. 내가 아무리 똑똑해도 나보다 더 똑똑한 사람이 있다. 내가 소유한 것보다 더 멋진 것을 소유한 사람이 있고, 내가 가본 여행지보다 더 멋있는 여행지에서 여행을 하는 사람도 있다. 그것도 엄청나게 많다. 그러니 비교를 하다 보면 나는 결국 열등한 존재가 되고 만다.

비교를 할수록 우리는 가장 중요한 자신의 인생을 잊어버리고
남의 인생에 얽매이게 된다.

비교하는 습관에서
우리가 자유롭지 못한 이유

비교가 이렇게 나쁜데도 비교하는 습관은 어떻게 우리 마음속에 깊숙이 자리 잡고 버티는 걸까? 무슨 비결이 있는 걸까?

1) 행동

우리 인생에서 비교하는 행동은 아주 긴 역사를 가지고 있다. 유치원이나 초등학교 시절만 해도 우리는 비교에 진심이 아니다. 내가 이 세상의 주인공이고, 남들이 몰라줄 뿐 사실은 내가 제일 잘났다는 착각을 유지하고 있다. (요즘은 초등학생들조차 아파트 브랜드나 평수, 자동차 등급 따위로 서로 비교한다는데, 그렇다면 이 좋은 시기도 예전보다 더 일찍 끝나는 추세겠다).

본격적인 입시 공부 단계에 들어서면 시험 점수로 명확하게 우열이 구별되는 세상에 눈을 뜬게 된다. 그 이후 지금까지 우리는 수많은 비교를 거쳐왔다. 한국에서 거의 모든 평가는 상대평가라서 이건 내가 피한다고 피할 수 있는 것도 아니다.

2) 보상: 우월감

비교의 보상은 누구나 알고 있다. 비교당한 뒤에 내가 더 우월한 존재로 선택받는 쪽이 되면, 나는 내적으로는 우월감을 느끼고 외적으로는 더 좋은 기회를 부여받는다. 대학 입시에서도, 취업 경쟁에서도 그렇다. 이렇게 보상을 받다 보니 대다수의 사람들이 큰 관심을 가지지 않는 영역에서도 자발적으로 알아서 비교를 하게 된다. 키나 외모뿐만 아니라 성격이나 취향 같은 것도 숫자로 측정해서 비교한다.

문제는 나이가 들수록, 경쟁의 윗단으로 올라갈수록 비교를 통해 보상을 받는 경우가 점차 줄어든다는 것이다. 그럼에도 예전에 받았던 보상의 힘, 그리고 오랫동안 축적된 비교 행동의 역사가 관성을 발휘한다.

3) 신호: 타인의 존재

비교는 이제 우리 사회의 문화라고 해도 틀린 말이 아닐 것이다. 물론 건강한 정신을 유지하는 분들은 비교를 꼭 필요한 곳에서만 하겠지만, 우리 같은 보통 사람들은 걸핏하면 비교하는 마인드에 빠지곤 한다.

이 비교하는 습관을 활성화하는 신호는 누군가와 제한된 자원을 놓고 경쟁하는 상황이다. 그런데 비교하는 습관이 중증이 되면 그냥 옆에 다른 사람이 있기만 해도 비교를 하게 된다.

문제는 이렇게 비교를 하면 경쟁이 아닌 것도 경쟁처럼 느껴진다는 점이다. 멋진 풍경을 즐기는 순간에도 옆 사람과 비교를 하는 순간 내 만족감을 옆 사람이 빼앗아가는 것 같다. 저 사람이 나보다 더 좋은 자리에서 보는 것 같고, 저 사람이 나보다 더 여유가 있는 것 같고, 저 사람이 나보다 더 만족하는 것 같을수록 그것과는 아무 상관 없던 내 만족감이 줄어든다.

4) 갈망: 열등감으로부터의 회복

비교를 할수록 기분이 나빠지고 자존감이 깎이면서도 기회만 있으면 비교하려는 갈망이 끓어오르는 이유는 뭘까? 그 까닭은 '분풀이'다.

비교하는 습관을 움직이는 갈망의 본질은 비교 자체에 대한 욕구가 아니다. 또 다른 비교에서는 상대보다 우월해지고 싶은 마음 때문이다. 그러면 이전의 비교로 낮아졌던 내 자존감도 회복되고 행복해질 것이라고 생각하는 것이다. 비교해서 입은 마음의 상처를 비교를 통해 치유하려는 건 어쩌면 당연한 심리다. 문제는 비교를 통해 얻은 우월감은 지속되지 못한다는 점이다.

비교를 통해서 부여되는 가치의 특징

비교해서 얻게 되는 가치에는 다음과 같은 2가지 특징이 있다.

첫 번째는 제로섬$^{Zero-Sum}$이라는 점이다. 누군가가 가치를 획득하면 나머지는 그 가치를 누리지 못한다. 예를 들어 '세계 최고의 미인'은 단 한 명이어야 한다(혹은 남녀 각각 한 명이든가). 그러면 나머지는 그보다 못한 사람이 된다. 상위 10%의 삶을 특정하면 결국 나머지 90%는 그보다 못한 삶이 되는 것이다. 더욱 재미있는 점은, 이 관점으로는 극소수만이 선택될 수 있는 기준일수록 더 대단한 가치인 것처럼 보인다는 것이다. 그래서 상위 10%로는 충분하지 못해서 상위 1%로, 그것도 부족해서 상위 0.1%로 끊임없이 나머지를 쫓아내게 된다. 그 결과 이 세상에는 선택된 극소수와 그보다 못한 대다수가 남게 된다. 우리 대부분은 그 나머지 대다수에 해당할 것이다.

대개 이 제로섬 비교의 함정에 빠진 사람들은 내가 질 바에는 상대방도 같이 깎아내리겠다는 전략을 취한다. 승자를 남기지 않겠다는 것이다. 조금이라도 잘나 보이는 사람에게 달려들어 그 사람의 약점이나 잘못을 찾아내려는 행동들이 그렇게 발생한다. 그 결과는 '모두의 불행'이다. 상대방의 가치를 낮춤으로써 잠깐은 스스로 뿌듯할 수도 있다. 그러나 지능이 평균 이상인 사람이라면 누구나 알 것이다. 그렇게 해서 내가 얻는 것은 아무것도 없다는 사실을 말이다. 이런 행위를 반복할수록 당신은 동화 속의 악당처럼 옹졸하고 악랄해질 뿐이다.

두 번째는 이 가치가 외부에서 부여된다는 점이다. 내가 내 마음대로 '나는 세상에서 가장 성실한 사람이다'라고 정의해봤자 아무 의미 없다. 객관적으로 '인증'을 받아야 된다. 그런데 인증은 누가 해주나? 누군지는 몰라도 나는 아니다. 그래서 이런 객관적인 가치를 추구하는 사람은 평가해주는 사람을 찾아다닌다. 커뮤니티에 들어가서 지금 내가 가진 게 어느 수준인지 열심히 물어보는 사람들, "지금 이거 몇타치(지금 이거 어느 정도인가요?)?" 같은 문장들이 바로 객관적 가치를 추구하는 대표적인 형태다. 나는 저런 문장을 볼 때마다 글쓴이의 시들어가는 자존감이 보인다.

이런 객관적 가치에 의존하면 불안해진다. 남과 비교하면 할수록 내 가치는 줄어든다. 모든 귀한 것은 내가 아닌 다른 누군가가 가진 것처럼 보인다. 내 삶에 대한 내 통제력도 줄어든다. 그래서 불안해지고, 남에게 의존하게 된다. 결과적으로 자존감이 허약해진다.

객관적인 가치보다는
나만의 고유한 가치를 찾자

우리가 살아가는 데 그런 '객관적 비교'는 큰 의미가 없다. 삶을 온전히 즐기고 누리기 위해서는 객관적인 가치보다 고유한 가치를 찾아야 한다.

내가 좋아하는 사람이 있다. 내가 그 사람을 좋아하는 이유는 처음에는 여러 가지가 있었을 것이다. 하지만 시간이 지날수록 그런 이유는 희미해지고 오로지 하나만 남는다. 바로 '그 사람'이기 때문이라는 것이다. 설명할 수 없는 이유로 그 사람에게 끌리게 되고, 끌려서 자꾸 만나다 보면 그 사람에게서 예상치 못했던 다른 것들을 발견하게 된다. 그런 일이 반복되다 보면 이 세상에서 그 사람과 나와의 관계가 다른 어떤 것으로도 대체될 수 없는 것이 된다. 살아간다는 건 그렇게 이 세상에 단 하나뿐인 것들로 내 세상을 만들어가는 것이다.

우리가 각자의 삶을 제대로 누리기 위해서는 주관적인 관점이 훨씬 더 필요하다. 우리는 객관적으로는 하찮은 존재지만, 주관적인 면에서는 이 세상에 단 하나뿐인 존재이기 때문이다. 이걸 고유성 uniqueness이라고 한다. 보통 '유니크하다'고 표현하는 것이 바로 고유성이다. 그리고 고유한 것들은 다른 것들과 비교하지 않는다. 남과 비교할 수 '없다'가 아니라 비교하지 '않는다'고 표현한 이유는, 무엇이든 비교하려면 할 수 있기 때문이다.

비교는 그냥 어떤 기준을 하나 정하면 된다. 그 기준이 숫자로 환원될수록 비교하기는 쉽다. 예를 들어 '키'라는 기준이 있다면 모든 사람을 그 기준으로 비교할 수 있다. 좀 더 입체적인 기준으로 머리 길이 대비 몸 전체 길이의 비율(소위 '몇 등신'이라 표현하는)을 정해도 된다. 그러면 모든 사람들을 한 줄로 세울 수 있다. 완벽한 비교지만 거기에 고유성은 없다.

비교를 통해서도 가치를 부여할 수는 있다. 예를 들어 '세계 최고의!'라는 말은 뭔가 가치가 있다. 하지만 고유하지는 않다. '가장 아름다운! 가장 머리 좋은! 가장 유능한!' 같은 말에도 고유성은 없다. 이런 가치는 지금 현재 특정한 기준으로 비교했을 때에만 유효하다.

세계 최고는 언젠가는 바뀌기 마련이다.

내가 일부러 남과 나를 비교하려 들 필요가 없는 다른 이유는, 어차피 이 세상은 기회만 있으면 나를 저울에 올려놓고 비교하려 들기 때문이다. 비교당하고 평가당할 때마다 우리 자존감은 약해지고, 멘탈은 흔들린다. 세상이 나를 그따위로 대하고 있는데, 나 스스로도 거기에 동참해서 자기 자신을 두들겨 팰 필요는 없지 않을까.

한국 사회가 불행한 건 이 비교 평가 때문이라는 것을 다들 아실 것이다. 한국의 경제적 수준은 이제 선진국이다. 그런데 국민들의 행복 수준은 처참하다. 다들 비교질하고 평가질하며 자존감을 깎아 먹고 있으니 말이다. '만인에 의한 만인의 비교·평가질'의 결과물이 지금 우리가 사는 한국 사회가 아닌가.

미루는
습관

미루는 습관을 가진 사람들은 자기 자신도 이 습관으로 고통을 받는다. 그러면서도 미루는 습관을 바꾸지 않는 것은 그조차도 미루기 때문이다.

미루는 습관을 가지고 있으면
건강도 사회생활도 힘들어진다

현대인이 가장 이겨내고 싶어 하면서도 그러지 못하는 것 중의 하나가 미루는 습관일 것이다. 영어에는 아예 이 습관을 부르는 고유명사가 있다. 미루는 버릇, 꾸물거림, 지연, 연기라는 뜻을 지닌 프로크래스터네이션procrastination이라는 긴 단어가 그것이다.

미루는 습관의 유병률은 15~20%라는데, 이 말은 10명 중 2명 정도는 미루는 습관이 있다는 뜻이다. 시험공부, 제출해야 하는 보고서, 더 나빠지기 전에 찾아가야 하는 치과진료, 담배나 술을 끊거나 줄이기로 한 결심, 누군가에게 꼭 보내기로 한 편지나 걸기로 한 전화, 누구와 만나기로 한 약속, 일을 시작하거나 그만두기로 한 결심 등등 우리가 평소에 미루는 일의 종류는 아주 사소한 것에서부터 매우 중요한 것까지 다양하다.

미루는 습관을 가진 사람들에 대한 가장 큰 오해가 '본인은 속이 편할 것'이라는 생각이다. 하지만 실제로는 그렇지 않다. 해야 할 일을 미루고 딴짓을 하는 동안 그들의 마음은 분주하다. 해야 할 일이 머리에서 떠나지 않고 계속 남아 있기 때문이다. 그래서 놀아도 노는 것이 아니며, 마음 편히 휴식을 취하지도 못한다.

의학 연구 결과들을 보면 미루는 습관을 가진 사람은 그렇지 않은 사람보다 스트레스를 많이 받고 심혈관계 질환이나 위장질환을 겪을 위험성도 더 높다. 게다가 미루는 습관을 계속 놔두면 결국 직장생활이나 사회생활에도 심각한 타격이 올 것이다. 결국 건강도 망치고 사회생활도 망치는 것이 미루는 습관이다. 그런 줄 알면서도 그걸 고치지 못하는 이유는 미루는 습관을 고치는 것조차도 뒤로 미루기 때문이다. 그런 걸 어떻게 잘 아느냐 하면, 바로 내가 미루기 대마왕이기 때문이다.

미루는 습관을 지속시키는 4대 요소

미루는 습관을 지속시키는 요소들은 무엇일까? 이 역시 습관의 4대 핵심 요소로 살펴보자.

1) 행동: 상상하기

미루는 이유는 다양하다. 심리학자들이 가장 많이 추정하는 이유는 완벽주의적 가치관이다. 일을 완벽하게 끝내지 못할 바에는 아예 시작부터 하지 않는 것이다. 실제로 일단 일을 미룬 다음에는 '기왕 늦은 거 완벽하게라도 해야 한다'는 생각으로 더 미루는 경우가 많다.

문제는 이렇게 미루고서는 엉뚱한 다른 일을 한다는 점이다. 그렇게 대신 하는 행동이 뭘까? 대개는 실질적인 일이 아니라 뭔가를 '상상'하는 것이다.

'상상하기'는 엄밀하게 따지자면 행동은 아니다. 하지만 상상을 하는 동안 우리는 마치 어떤 행동을 하는 것 같은 경험을 할 수 있다. 예를 들어 내일이 마감인 보고서를 써야 하는데 쓰지는 않고 보고서에 대한 걱정을 하면서 마감일까지 이걸 끝내지 못하는 내 모습을 상상하는 것이다. 그런 상상을 하면 불안감이 더 커지고 자신감은 쪼그라든다. '나 정말 이거 끝낼 수 없을 것 같아'라는 생각이 엄습한다. 내 마음속의 다른 목소리는 '그따위 걱정 말고 지금 한 자라도 더 써라'고 말하지만, 불안한 마음으로는 이미 들리지 않는다.

　그다음에는 '이럴 줄 알았으면 어제부터 제대로 썼어야 했는데'라는 후회가 엄습한다. 이것은 이미 지나간 과거가 달랐으면 어땠을지에 대한 또 다른 상상이다. 이렇게 상상을 하면서 시간을 계속 흘려보낸다. '포기하자! 아니 그럴 수는 없어!' 따위의 부질없는 고민까지 하다 보면 하루가 어느새 지나간다.

2) 보상: 가짜 여유

이렇게 상상을 하면서 근심 걱정이나 하고 있는데 무슨 보상이 있을까, 아마도 궁금하실 것이다. 그런데 의외로 받을 수 있는 다양한 보상이 있다. 대개는 처음부터 일을 미루기만 하고 상상에 빠지는 경우는 없다. 미루는 습관이 막 형성되던 시점에는 일을 미루다가 꽤 괜찮은 결과물을 만들어낸 경험이 아마도 많았을 것이다. 실제로 미뤄왔던 기간만큼 시간과 노력을 더 많이 투입한다면 성과가 좋을 가능성이 높다.

　문제는 이런 경험을 몇 번 하다가 보면 스스로 일을 미룰수록 성과가 더 좋았다고 착각하기 시작한다는 점이다. 미루는 습관을 통해 얻는 부수적인 보상도 있다. 우선 일을 아예 미루면 평가할 일 자체가 없어지므로 최소한 내가 한 일에 대해 비난받을 가능성을 없앨 수 있다. 그리고 미루는 습관이 중증이 된 이후에는 상상 속으로의 도피를 통해 안도감을 얻기도 한다. 서양에서는 이렇게 미루는 성향을 타조에 비유하곤 한다. 포식자를 피해서 숨어야 하는데 머리만 땅속에 처박고는 숨었다고 스스로를 속인다는 뜻이다.

어쨌든 미루는 행동이 습관이 되었다는 건, 그렇게 미루는 행동을 반복하면서도 어떻게든 살아왔다는 뜻이다. 만약 우리가 한 번 미룬 뒤에 더 이상 할 일이 주어지지 않았거나 인생이 끝장났다면 더 이상 미룰 기회도 없었을 것이다. 이런 일이 반복되면 당신의 평판은 조금씩 흠이 가고, 위장도 망가지겠지만 그것들은 지금 당장 눈에 띄지 않는다.

3) 신호: 상상 그 자체

미루는 행동, 정확히는 할 일을 하지 않고 엉뚱한 상상에 빠져드는 행동은 어떤 신호에 의해 시작될까? 일을 하다가 잠시 중단된 상황이 미루기의 시작이 되는 경우가 많다. 다른 급한 일을 하기 위해서였을 수도 있고, 어떤 장애물이 나타났을 수도 있다. 어떤 이유에서든 잠깐 멈춤으로 시작했다가 하루 멈춤으로, 그것이 일주일간 계속 멈춤으로 이어진다. 멈춘 시점에 상상을 시작하기 때문이다.

상상의 도구들이 여기에 가속도를 붙인다. 대표적인 상상의 도구는 스마트폰이나 컴퓨터다. 소셜미디어는 아주 매력적인 상상의 도피처다. 일이 중단된 시점에 잠깐 숨이나 돌리자며 소셜미디어에 접속하는 순간, 상상의 연쇄에 빠져들게 된다. 눈으로는 소셜미디어를 보면서 마음속으로는 지금 중단한 그 일을 하는 상상, 혹은 하지 않왔을 때 벌어질 일을 상상하다 보면 상상의 나래는 온갖 길로 우리를 인도한다. 그 일을 제시간에 못 마치고 엉망으로 끝낼 때까지.

특히 행동의 목표가 구체적이지 않은 경우에 이 신호는 더 강력한 위력을 발휘한다. 지금 당장 할 일이 무엇인지는 정하지 않고 단순히 '이 모든 일을 언제까지 끝내야 한다'는 식의 막연한 목표만 가지고 있는 경우에는 일이 중단되면 막막해진다. 그저 언젠가 일을 끝낸다는 생각만 머리에 있고, 언제 어떻게 무슨 일을 할 것인지가 구체적으로 없다. 이런 상황에서 아주 명확한 신호를 발산하는 스마트폰이 눈에 보이면 우리는 그 '무엇인가 해야 한다'는 마음을 스마트폰에 사용해버린다.

4) 갈망: 두려움

미루는 습관을 계속하게 만드는 에너지원은 무엇일까? 자발적으로 일을 미루고자 하는 갈망을 가진 사람은 없을 것이다. 미루는 습관을 가진 사람들 중에 일을 미루고 싶어 하는 이는 없다. 스스로도 이 습관 때문에 고통을 받고 일을 미루다가 후회하곤 한다. 미루는 사람들이 상상을 하게 만드는 동기는 '두려움'이다.

예를 들어 이가 아프면서도 치과에 찾아갈 날을 하루하루 미루는 사람은 분명히 치과에 가서 겪을 고통과 함께 청구될 치료비가 두렵다. 얼핏 보기에는 두려워 할 이유가 없는 것들도, 바로 그 두려움 때문에 미룬다. 시험공부를 뒤로 미루는 학생은 말로는 마음만 먹으면 시험공부를 며칠 만에 끝낼 수 있다고 떠들지만, 사실은 시험공부를 시작하는 순간 시간이 너무 부족하다는 현실에 직면하게 된다는 걸 알고 있다. 시간이 지날수록 이 두려움은 더 커지고, 상상 속으로 숨고자 하는 욕구도 커진다.

처음 일을 미루었다가 남들의 기대를 뛰어넘는 성과를 얻었던 기억에 집착하는 사람도 있다. 심하면 그 집착이 망상의 수준에 이르기도 한다. 죽음을 앞둔 순간에 최고의 집중력이 발휘되는 것처럼, 이제 더 이상 피하거나 미룰 수도 없는 마지막 순간에 도달하면 자신의 모든 잠재력이 200% 발휘되어 엄청난 대역전극을 펼칠 수 있을 것이라는 기대가 여기에 해당한다. 하지만 이는 일의 선후관계를 오해한 것이다.

실제로 우리가 일에 몰입하면 잠자는 것도 잊고 아주 짧은 시간에 놀라운 성과를 거두는 경우가 있다. 하지만 그런 몰입의 경험은 오랫동안 그 일에 시간과 노력을 들인 사람들이 마지막 순간에 도달하는 아주 드문 순간이다. 결과적으로는 그런 순간이 마감 직전에 나타나는 경우가 많지만, 미리 아무런 준비도 하지 않고 무조건 마감까지 기다린다고 해서 그런 몰입이 찾아오는 게 아니다. 오히려 일을 미루는 상태로 시간이 지나면 자신감이 줄어든다. 가만히 있는 것 같지만 마음속으로는 여러 번 일을 시작하려고 시도했다가 포기하곤 했기 때문이다.

실패가 늘어나면 줄어드는 것은 자기효능감과 자신감이다. 자신감이 줄어들면 일에 대한 두려움이 더 커진다. 그 결과 해야 할 일은 점점 더 어렵게 느껴지다가 나중에는 그 일을 해내는 게 거의 불가능해 보이게 된다.

습관의 4대 요소가 이렇게 순환을 하면서 미루는 습관을 계속 강화한다. 일을 미루다가 망친 다음 새로운 일을 하게 되면 우리는 두려움이 더 커져서 더욱더 도피하고 싶어지고, 상상할 거리만 보이면 상상 속으로 빠져들게 된다. 미루는 습관에 빠진 자기 자신이 싫어 미칠 것 같아도, 지금 당장 일을 해야 한다는 사실을 누구보다 잘 알고 있어도, 남에게 피해를 주고 싶지도 않고, 자신의 인생을 이런 식으로 일을 미루면서 망치고 싶지 않아도 미루는 습관에 이끌려 들어간다.

소셜미디어
중독

소셜미디어에서 우리는 필터를 통해 걸러지고 다양한 의도로 맛과 향이 추가된 가공된 세상을 경험한다. 그곳에선 누구나 유명해질 것 같지만 그 누구도 행복하지 않다.

소셜미디어가 우울감을 유발하는 이유는 비교를 조장하기 때문이다

소셜미디어가 우울감을 유발한다는 사실은 이미 통계적으로 증명이 되었다. 2017년 영국의 왕립공중보건학회 조사 결과, 우울한 사람들이 소셜미디어를 더 오래 사용했다. 인스타그램은 사용하는 동안 기분이 좋았다고 응답한 비율이 37%로 가장 낮았고, 그다음은 틴더(40%), 메타(41%), 유튜브(57%), 트위터(59%) 순이었다. 다시 말해 유튜브나 트위터는 사용자의 과반수가 기분 좋은 사람인데, 인스타그램은 사용자 10명 중 6명은 기분이 좋지 않은 것이다.

왜 그럴까? 가장 큰 이유는 소셜미디어가 비교를 조장하기 때문이다. 소셜미디어 속에서 우리는 언제나 나보다 더 멋지고 즐겁고 만족스러워하는 누군가를 발견할 수 있다. 그들과 현재의 나를 비교하다 보면 결국 비교의 함정 속에 빠져들게 된다.

그럼에도 소셜미디어에 빠지게 되는 이유

소셜미디어의 무서운 점은 단지 그것만이 아니다. 소셜미디어는 사용자들의 기분이 나빠지고 자존감이 낮아지면서도 계속 빠지게 만드는 마력을 가지고 있다. 이를 습관의 4대 핵심 요소로 살펴보자.

1) 행동: 사회적 교류를 하는 상상

소셜미디어라고 하면 흔히 타인과의 교류 혹은 사회생활을 떠올린다. 소셜미디어를 열심히 하는 것을 사회성이 좋은 인싸들의 행동이라고 생각하기 쉽다. 하지만 소셜미디어는 본질적으로 가상세계다.

물론 그 안에 진짜 사회활동도 있다. 실제로 만나거나, 직접 만난 적은 없어도 온라인을 통해 실제로 어떤 일을 함께 한다면 그것은 사회적 활동이다. 그러나 소셜미디어 속에서 친구를 맺었거나 팔로우를 하는 사람들 중에는 내가 단 한 번도 본 적이 없고, 그 상대방은 나에 대해 전혀 모르는 경우도 많다. 이런 사람들과는 그저 '좋아요'를 눌러주는 것 말고 온라인 채팅을 나누어본 적도 없다. 이들과의 관계는 사회적인 교류처럼 보이지만 그와는 다른 무엇이다. 이런 관계를 진짜 사회적인 관계라고 믿는다면 그건 상상과 현실을 혼동하는 행위에 가깝다.

특히 소셜미디어 중독인 사람들이 이렇다. 상대는 나를 전혀 모르는데 내 상상 속에서 나는 그와 절친이거나 철천지원수 사이다. 어떤 이는 그와의 친밀도를 높이기 위해서 더 열심히 소셜미디어에 접속하고, 다른 이는 그를 파멸시키고자 악플을 달기 위해서 같은 행동을 한다. 요컨대 소셜미디어 중독자에게 소셜미디어 사용은 상상 세계로의 접속이다.

2) 보상: 짧은 사회적 존재감

우리가 사회적인 활동을 하는 이유가 뭘까? 좋든 싫든 집 밖에 나가서 사람들을 만나고 여기저기 모임에 참석하고 부대끼며 살아가는 이유가 뭘까? 생존을 위해서다.

예전에는 사회적 유대감이 생존의 필수조건이었다. 인간은 혼자서는 살아갈 수 없는 존재였다. 그래서 누군가와 함께 지내려는 욕구와 본능을 가진 선조들만이 살아남았다. 우리는 그들의 후손이라서 유전자 깊은 곳에 그 사회적인 욕구를 가지고 태어났다. 단지 배가 부른 것만으로는 만족할 수 없고 누군가 내 편이라는 믿음, 내가 누구와 연결되어 있다는 믿음이 없으면 심리적인 배고픔을 느끼는 존재가 된 것이다.

그런데 소셜미디어는 간편한 상상 속 사회생활을 제공한다. 소셜미디어에 접속하면 단 몇 분 몇 초 이내에 내가 많은 사람들과 함께하고 있는 것 같은 '느낌'을 얻는다. '좋아요' 숫자나 조회수, 댓글들은 최소한 그 숫자 이상의 사람들이 나를 보고 있다고 믿게 해준다. 덕분에 방구석에 앉아서도 마치 내가 멋진 파티에 참석한 것 같은, 그리고 나도 그들의 무리에 들어선 것 같은 기분을 느낄 수 있다. 이렇게 사람들과 연결되어 있다는 느낌, 사회적으로 존재한다는 상상 속의 느낌은 강력한 보상이다. 문제는 이 느낌은 빨리 찾아온 만큼 빨리 사라진다는 것이다. 소셜미디어가 주는 사회적 연결감은 그곳에서 나온 순간 꿈처럼 사라진다.

3) 신호: 스트레스

소셜미디어에 들어서게 만드는 신호는 다양하다. 하지만 중독적인 소셜미디어 접속을 유도하는 신호는 우울감과 스트레스다. 만약 당신이 우울하고 스트레스 받을 때 소셜미디어가 생각나고 실제로 소셜미디어를 사용한다면, 소셜미디어를 심리적 도피처로 의존한다는 뜻이다.

홍보나 정보 습득과 같은 명확한 목적을 가지고 소셜미디어에 접속하는 사람들은 병적인 사용이 아니다. 하지만 해야 할 일을 미루면서 찾아오는 불안감을 잊기 위해서 또는 우울한 기분을 전환하기 위해서 소셜미디어를 하고 있다면 문제가 된다. 그런 식으로 소셜미디어를 사용할수록 자존감이 낮아지고 우울감은 커진다. 우울해서 상상의 교류 속으로 들어왔는데, 들어와 있을수록 더 우울해져서 더욱 나가기 싫어진다.

4) 갈망: 외로움

심리학 연구에 따르면 절친이 떠나갈 때, 우리는 마치 자신의 팔다리가 떨어져 나가는 것과 같은 통증을 느낀다고 한다. 이를 '사회적 통증'이라고 부른다. 우리의 뇌는 그 정도로 사회적 존재감과 신체적 존재감을 동일시한다.

소외되고 외로운 사람들이 만성적으로 느끼는 것이 바로 이 외로움, 즉 사회적 존재감의 결핍이다. 앞서 말한 바와 같이 소셜미디어는 상상 속 사회생활을 통해서 그 외로움을 일시적으로 달래준다.

소셜미디어 속 만남이 건강하지 않은 이유

소셜미디어는 일종의 사회적 설탕이다. 당분은 생명유지의 필수 요소인 '칼로리' 자체다. 어떤 음식이 입에 달다는 건 그 귀한 당분이 좀 많이 함유되었다는 뜻이다.

예전 음식들에는 당분 함유량이 적어서 어쩔 수 없이 많은 음식을 섭취해야 했다. 이렇게 여러 음식을 먹다 보니 우리 몸에 필요한 비타민, 미네랄, 단백질 그 외에 각종 영양소들을 섭취할 수 있었다. 힘들여 섭취한 당분은 다시 힘들게 음식을 구하고 만들어내는 과정에서 소비되었다. 자동적으로 다양한 영양을 섭취하게 되고 섭취와 활동을 통한 소비의 균형이 유지된 것이다. 하지만 정제설탕이 생산되면서 이 모든 균형이 깨졌다. 열량은 지나치게 많이 섭취하는데 나머지 영양분은 부족해지는 영양불균형이 생겼다. 활동을 하지 않아도 당분을 충분히 구할 수 있게 되면서 당분 섭취와 소비의 균형도 깨졌다. 그 결과 건강하지 않은 비만이 늘어나고 당분 중독자들이 늘어났다.

소셜미디어도 마찬가지다. 소셜미디어가 나오기 전에는 사회적 관계를 만들려면 직접 만나야 했다. 시간과 노력이 필요한 행동이다. 만나러 집을 나서기 전부터 할 일이 많다. 외모도 점검하고, 옷도 갖추어 입어야 한다. 그렇게 집을 나서서 한참을 이동해야 하고, 사람을 만난 뒤에는 낯선 장소에 들어가야 하고, 뭔가를 주문해서 마시거나 먹기도 해야 한다. 상대방이 하는 이야기가 내가 관심 없는 주제를 담고 있더라도 잘 들어주어야 하고, 상대방이 하는 말에 적절히 반응도 해주어야 한다. 그것도 표정과 자세와 목소리 어조까지 적절하게 맞추어가면서. 그 와중에 예상하지 못한 일들이 벌어지기

소셜미디어를 오래 사용할수록 타인과의 비교,
확증편향에 빠질 위험성이 늘어난다.

도 한다. 주문한 음식이 맛없을 수도 있고, 누군가가 실수를 할 수도 있고, 계획하지 않았던 다른 사람과 만나게 되기도 한다.

누군가를 만난다는 건 그렇게 다채로운 사건들을 함께 경험한다는 뜻이다. 하지만 그 잡다함 속에서 우리는 실제 세상의 디테일을 경험한다. 실제로 사람들과 교류하면서 문화와 규범을 실습하고, 내가 뭘 믿고 뭘 의심해야 하는지, 내가 할 수 있는 일이 뭔지도 배운다. 세상에 대한 구체적인 지식을 쌓고 신념을 형성하면서 그걸 바탕으로 내가 현재 어떤 상태인지, 앞으로 어디로 가야 하는지에 대한 방향감각도 조정하게 된다. 그렇게 살아가는 것이다.

반면에 소셜미디어는 이 모든 중간과정을 생략하고 상상 속의 만남과 가공된 사회경험을 통해 우울감을 증폭하고 우리의 세계관을 변형시킨다. 내가 어떤 주제에 대해서 이야기하고 싶다면, 소셜미디어는 그 주제에 관심 있는 사람들을 만나게 해준다. 모든 중간과정 없이, 딱 그 주제에 대해서 수다를 떨고 정보를 교환하고 깔끔하게 접속을 종료할 수 있게 해준다. 표정관리도 필요 없다. 물론 DM^{direct} ^{message}을 교환하거나 하면 적절한 타이밍에 적절한 리액션도 필요할 것이다. 이는 진짜 얼굴 표정이나 자세에 비하면 내가 조절하기 쉽다. 외모가 걱정이라고? 필터가 있지 않은가! 소셜미디어 속 만남은 현실 만남의 불편함을 제거하면서 동시에 사회적인 영양분들을 섭취할 기회도 날려버린다.

더구나 소셜미디어를 통해 만나는 세상은 진짜 세상과는 다르다.

실제 세상에서 흔히 접하기 힘든 기괴한 사람들, 극단적인 의견들을 더 많이 보게 된다. 나보다 못난 사람뿐만 아니라 잘난 사람도 당연히 많다. 그래서 소셜미디어만 보면 실제 세상의 평균에 대한 감각이 뒤틀리게 된다. 남이 하는 걸 구경하긴 했어도 내가 직접 해본 건 거의 없다. 진짜 자신감은 내가 직접 해보는 데서 쌓이는데 말이다.

게임
중독*

어떤 습관을 가지느냐에 따라 게임은 또 하나의 즐거운 세계가 될 수도 있고, 현실로부터 도피해 안주하는 현실의 열화 버전이 될 수도 있다.

게임은 인간의 본능이자
고차원적인 놀이

게임은 인간의 본능이다. 모든 동물은 놀이를 한다. 이는 놀이 자체가 성장을 위해 반드시 필요한 활동이라는 뜻이다.

　새끼 고양이가 공을 가지고 노는 장면을 보면 그것이 결국 쥐나 새를 잡아먹는 데 필요한 반사 신경과 순발력을 키우는 훈련 과정임

---

* 　게임 중독이나 게임 폐인은 분명히 존재한다. 그러나 게임 중독의 원인은 약물 중독과는 달리 게임 자체가 아니라 그 사람의 생활방식과 습관 속에 있다.

나쁜 습관은 왜 지우기가 어렵나?　　　　　　　　　　　　　　　　139

을 알 수 있다. 개들은 또래 강아지와 놀면서 사회생활의 기본과 사냥 기술을 배운다. 모든 동물들의 놀이는 결국 생존 훈련이다.

인간도 마찬가지다. 어린아이의 놀이는 그 시기에 필요한 신경계와 운동능력의 발달을 위해 필수적인 활동이다. 그러나 인간은 단순한 놀이를 할 뿐만 아니라 게임도 한다. 게임은 상상과 허구를 규칙을 통해 공유하는 고차원적인 놀이다. 즉 인간은 상상을 공유하고 시뮬레이션과 실천을 통해서 현실을 바꾸는 동물이다. 상상의 공유, 시뮬레이션, 실천, 즉 연습은 게임의 핵심 요소다.

저서 『사피엔스』에서 유발 하라리 Y. N. Harari는 인류의 성공 비결을 허구와 상상을 공유할 수 있는 능력이라고 보았다. 우리가 이 세상에 태어나서 상상을 공유하는 최초의 활동이 게임이다. 그러니까 게임은 인간성의 핵심으로 인간이 번영할 수 있었던 비결을 습득하고 숙달하는 활동인 셈이다.

게임이 가진
함정 요소를 이해하기

게임은 이렇듯 아주 중요한 활동이지만, 아무리 중요한 활동도 문제의 원인이 될 수 있다. 책을 읽는 것도 중요한 활동이지만 책을 잘못 읽으면 기괴한 망상을 키울 수도 있고, 너무 책에만 몰입하면 일상생활이 무너지는 것과 마찬가지다. 게임, 특히 디지털 게임은 소셜 미디어 중독과 미루는 습관이 가진 함정 요소를 가지고 있다. 이를 습관의 4대 핵심 요소로 간단히 살펴보자.

1) 행동: 도피하기

병적이고 중독적인 게임 습관의 본질에 해당하는 행동은 게임을 하는 것이 아니다. 해야 할 무엇을 하지 않고 대신 게임을 하는 것이다. 건강하게 게임을 즐기는 사람들과는 달리, 게임 중독자들은 게임을 하고 싶어서 하지 않는다. 뭔가 다른 것을 하기 싫거나 두려워서 게임으로 도피하는 것이다.

게임 중독은 어떻게 보면 미루는 습관의 다른 버전이다. 할 일을 미루고 상상을 하는데, 그 상상의 대상이 게임이라는 가상의 세계인 셈이다.

2) 보상: 짧은 성취감

상상 속으로 도피하면 '가짜 안도감'이라는 보상이 주어진다. 게임의 보상은 그뿐만이 아니다. 모든 디지털 게임은 플레이어에게 아주 즉각적이고 정확한 피드백을 준다. 게임은 현실에서는 경험할 수 없는 경험을 압축적으로 제공한다. 그리고 내가 그 게임에서 얼마나 잘하는지를 긍정적인 면을 중심으로 0.1% 단위까지 세밀하게 알려준다. 즉각적이고 구체적인 보상이다. 그 결과 마치 내가 상상에 시간을 낭비한 것이 아니라 어떤 성취를 이룬 것처럼 느낄 수 있다.

물론 우리는 바보가 아니기 때문에 진짜 내가 해결해야 할 문제가 밖에 기다리고 있음을 안다. 그러나 게임에서 허구의 위험을 경험하고 이를 극복하는 과정에 몰입하는 순간만큼은 그런 두려움에서 벗어날 수 있다.

3) 신호: 스트레스

게임을 할 수 있는 환경이 게임 습관의 공통적인 신호다. 건강하게 게임을 하는 사람은 자신이 즐기는 게임을 할 수 있는 환경이 되면 게임이 하고 싶어진다. 그러나 중독적으로 게임을 하는 사람들은 게임을 할 수 없는 조건에서도 게임을 하려 든다. 지금 해야 하는 일에 사용할 시간도 부족하고 스마트폰을 볼 여유가 없음에도 불구하고 게임이 하고 싶어지는 것이다.

그 이유는 대부분 스트레스 때문이다. 스트레스에 직면하고 문제를 해결함으로써 극복하기보다는 게임이라는 상상 속으로 도피하는 행동이 습관화되면 스트레스가 느껴지는 순간 도피를 생각하게 되는 것이 너무나 당연하다.

4) 갈망: 불안감

스트레스로부터 도피하기 위해서 게임을 하니 문제는 해결되지 않는다. 오히려 시간이 지날수록 문제를 해결할 수 있는 시간이 소모되어 일은 더 힘들어질 것이고, 스트레스는 그만큼 더 커질 것이다. 그러면 더욱더 게임으로 도피하고 싶은 욕구가 커진다.

이 악순환을 움직이는 감정적인 에너지는 불안감이다. 그러니까 중독적으로 게임을 하는 사람들은 게임을 진심으로 즐길 수 없다. 그저 자신이 외면하고 있는 현실이 가져올 미래에 대한 불안감을 잠깐 잊기 위해서, 마음속으로는 덜덜 떨면서 태연한 척 게임에 몰입하고 있을 뿐이다.

게임을 잘 즐기는 비결은 세상과의 균형에 있다

게임은 우리가 살아가는 다양한 세상 중 하나다. 결국 게임을 잘 즐기는 비결은 다른 세상과의 균형에 있다. 너무 뻔한 이야기처럼 들릴 것이다. 하지만 이게 핵심이다. 다시 말해 게임을 제대로 즐기기 위한 조건은 '게임을 하지 않아도 괜찮은 상태'다.

오로지 재미에 이끌려서 게임을 할 때 우리는 게임을 제대로 즐긴다. 그러나 버겁거나 좌절 가득한 현실로부터 도피하는 곳 혹은 현실에서 못 이룬 소망을 충족하는 곳이 게임 속 세상이라면 문제가 된다.

이해는 된다. 한국은 레드오션 사회다. 정답이 정해져 있고, 모두에게 같은 정답이 요구되는 곳이다. 간단히 말해서 한국은 '시험공화국'이다. 정답에 가까운 상위 1%만 승자이고, 나머지는 패자로 밀려나는 곳이다. 그러니 나머지 99%의 사람들 (심지어는 승자라 생각되던 1%조차도) 마음에 불안, 분노, 우울이 쌓인다. 안타까운 건 그렇게 피 튀기는 현실이 버거워 게임으로 도피한 사람들이 게임 속에서도 똑같이 1%의 승자만 남기는 비교와 경쟁을 벌인다는 점이다.

게임 폐인들이 밤을 새워 게임을 하고 심지어 빚까지 져가며 현질을 하는 이유는 게임 속에서 상위 1% 혹은 0.1%, 0.001%가 되기 위해서다. 이러면 게임은 더 이상 탈출구가 아니다. 현실을 피해 게임으로 들어갔는데 그 게임 속에서도 여전히 상위 1%가 아니면 패배자라 여기는 가치관에서 벗어나지 못하면 그냥 무대만 바뀐 상태에서 똑같은 행동을 되풀이하는 것이다. 그러면 현실에서 그렇듯 게임에서도 불행하고 불안할 수밖에 없다. 그런 마음으로 하는 게임은 더 이상 게임이 아니다. 현실의 열화 버전일 뿐이다.

'게임 그것만이 내 세상'이라면 그건 더 이상 게임이 아니다

내가 〈월드오브탱크〉를 즐긴다고 하니 게임을 아는 이들 중에 흥미를 가지는 사람들이 많았다. 왜냐하면 이 게임은 유저들을 열받게 만드는 게임으로 유명하기 때문이다. 유저들끼리 두 팀으로 나누어 각자 조종하는 탱크로 전투하는 게임인데, 팀 전투의 특성상 아무리 혼자서 열심히 싸워도 전투의 승패는 다른 팀원들의 플레이에 달려 있다. 그래서 이길 것 같던 전투도 동료 팀원의 멍청한 짓으로 망치는 일이 자주 일어나기 때문에 '게임하다 열받아 혈압 올라 쓰러졌다'는 등의 후기가 많다.

그래서 그 게임을 하는 걸 보니 인내심이 강할 것 같다는 평도 있었다. 하지만 나는 인내심이 희박한 사람이다. 내가 그 게임을 할 때는 인내심이 필요 없다. 나에게는 그 게임에서 이기고 지는 것이 그다지 중요하지 않기 때문이다.

어쩌면 다른 유저들이 보기에는 내가 바로 혈압을 올리는 멍청한 팀원일지도 모른다. 나는 현금으로 구매해야 하는 비싼 탱크도 없다. 대개는 내 수준에 맞는 낮은 레벨 탱크로만 플레이한다. 다만 나는 그날 하루의 퀘스트를 달성하는 것을 목표로 한다. 그 과정에서 이기기도 하고 지기도 하는데 모두 게임의 일부다. 좀 비싼 탱크를 가진 유저는 내가 쏘는 포탄을 쉽게 튕겨내고 내 탱크는 그 비싼 탱크가 쏘는 포탄에 쉽게 터지는 것 같지만, 어쩌겠나. 원래 비싼 탱크를 사는 이유가 그렇게 게임 속에서 강해지기 위한 건데 나같이 약한 탱크를 조종하는 무과금 유저들이 있어주어야 그게 가능하지 않겠는가.

나는 그저 게임 속에서 내 탱크로 최선을 다하면 된다. 내게 게임은 운동을 비롯한 다른 즐거운 일들과 마찬가지로 정말로 복잡한 일을 하다가 잠시 쉬어가는 곳이다. 그러니 〈월드오브탱크〉를 즐기면서도 혈압을 안정 상태로 유지할 수 있다.

요컨대 게임에서도 중요한 건 가치관이고 태도이고 생각하는 습관이다. 게임을 즐기기 위한 첫 번째 조건은 게임이 내가 선택할 수 있는 여러 가지 활동 중의 하나가 되어야 한다는 것이다. '게임 그것만이 내 세상'이라면 그건 더 이상 게임이 아니다.

여러 창을
띄우는 습관

멀티태스킹은 당신의 주의력을 갉아먹는다. 그 결과 당신의 몸은 여기에 있으나 마음은 이리저리 분산된 유체 이탈 상태가 된다.

우리의 주의력이 이토록 분산된 세상은 이전엔 없었다

앞서 제시한 게임 중독이나 소셜미디어 중독에 해당하는 사람은 의외로 적다. 그보다 더 많은 이들에게 문제가 되는 습관은 바로 한 번에 여러 가지 작업을 하는 습관, 흔히들 멀티태스킹이라 부르는 습관이다. 실제로 주변에서 게임 중독 혹은 스마트폰 중독이라고 지적받는 사람들 대부분은 중독이 아니라 멀티태스킹 습관이 문제인 경우가 많다. 그리고 우리들 역시 중독이라 부를 만큼 심각하지는 않지만 크든 작든 멀티태스킹 습관에 발을 들여놓았을 것이다.

멀티태스킹의 문제점은 여러 가지다. 전문가들은 멀티태스킹이 주의력이라는 제한된 에너지를 분산시켜 우리로 하여금 더 멍청하고 더 느리게 만들고 더 많은 실수를 하게 만든다고 지적한다. 하지만 멀티태스킹의 가장 큰 문제점은 이 습관이 지금 여기에 있는 '나'로부터 멀어지게 만든다는 것이다.

'지금 여기here and now'에 사는 것은 건강한 정신의 필수 조건이다. 예전에는 현재에 집중하는 것이 중요한 문제였다. 과거에 사로잡히면 후회에 빠지고, 미래에 사로잡히면 염려와 걱정에 빠지기 때문이었다. 그런데 『도둑맞은 집중력』의 저자인 요한 하리J. Hari는 현대인들은 이제 현재에 집중하는 것보다 '여기'에 집중하는 것이 더 중요한 주제라고 말한다. 다시 말해서 지금 내 몸이 존재하는 곳에 주의력을 붙잡아두는 것이 그 어느 때보다 어려워졌다는 것이다.

그는 자신의 대자godson에게 벌어진 일들을 소개하며 자신의 몸이 있는 곳here과 정신이 있는 곳이 분리되어버린 현대인들의 비극을 절절히 묘사한다. 그 아이는 4,000mile을 날아가 어린 시절 그토록 가고 싶어 했던 엘비스 프레슬리의 집이자 기념관인 '그레이스랜드'를 방문해서도 스마트폰으로 스냅챗만 보고 있었다. 그러나 문제는 그 아이만이 아니었다. 하리는 자신들이 스마트폰 이용으로 티격태격하는 동안, 다른 관람객들은 프레슬리 기념관 입구에서 나누어준 아이패드만 들여다보고 있었다고 말한다.

바로 자기 눈앞에 있는 진짜 공간과 전시물들을 놔두고 아이패드에서 보여주는 그 공간의 디지털 복제품을 이리저리 돌려보던 그들의 모습은 우리 모두의 자화상이다. 아름답고 멋진 것을 만나면 직접 눈으로 보기 전에 스마트폰부터 꺼내는 것이 지금 우리가 아니던가.

'유체 이탈'은 이제 더 이상 죽음 직전에나 발생하는 희귀한 현상이 아니다. 스마트폰을 쥐고 있는 모든 현대인들이 매일 경험하는 일상이다. 우리의 주의력이 이렇게 분산된 세상은 이전엔 없었다.

인간의 뇌는 멀티태스킹을 하지 못한다는 사실을 명심하라

스마트폰은 그 조상인 전화기 시절부터 주의력 도둑이었다. 전화벨의 주의력 탈취 능력은 갓난아이의 울음소리만큼이나 강력하다. 전화벨이 울리는데 이를 무시할 수 있는 사람이 얼마나 되겠는가. 그런데 스마트폰은 사용자가 자발적으로 주의력을 가져다 바치게 만드는 능력까지 갖추었다.

지금 이 책을 읽는 동안 당신의 눈앞에 몇 개의 창이 띄워져 있는지 살펴보시라. 물론 이 책에만 집중하는 분들도 계실 것이다. 그런 분들에게는 해당되지 않는다. 그러나 책을 읽으면서도 스마트폰에는 유튜브를 띄워놓았거나, 언제든 알림이 올 수 있는 소셜미디어 창을 열어놓았다면 당신은 이미 멀티태스킹 습관을 가지고 있다.

사실 우리는 직장이나 집에서 일을 하면서 소셜미디어를 사용하는 순간에 이미 멀티태스킹을 하게 된다. 물리적인 몸뚱이를 건사하면서 동시에 온라인 공간에서 돌아다니는 것 자체가 멀티태스킹이다.

그러나 뇌과학자들의 연구 결과가 공통적으로 알려주는 것은 인간의 뇌는 멀티태스킹을 하지 못한다는 사실이다. 인간의 주의력은 그렇게 배분되지 않는다. 우리의 뇌는 여러 가지 작업을 동시에 할 수 없고, 한 번에 하나씩만 할 수 있다. 단, 이 일에서 저 일로 아주 빠르게 전환할 수는 있다. 이렇게 빠르게 전환하는 것을 우리가 동시에 여러 일을 하는 것으로 착각하고 있을 뿐이다.

멀티태스킹 습관의 위험성은 많이 알려져 있지 않아 더 문제다

작업을 변경하는 전환 작업은 비용switching cost이 든다. 한 작업에서 다른 작업으로 전환하면서 그 작업에 맞게 뇌를 재설정하기 위해 주의력과 작업 시간을 소모하는 것이다.

인간의 뇌는 책상과 같다. 한 번에 올려놓을 수 있는 정보량에는 제한이 있다. 책상 위에 있던 정보를 치우고 다른 정보를 올려놓으려면 어떻게든 뇌가 수고를 해야 한다. 예를 들어 책상 위에 보고서 작업을 위한 자료들을 다 올려놓고 일을 하다가 그 자료들을 다 치우고 이번에는 음식 재료를 잔뜩 올려놓고 요리를 시작하는 상황을 생각해보라. 이렇게 작업 전환을 반복하다 보면 그냥 한 가지 작업을 계속할 때보다 뇌가 더 빨리 지친다. 결국 전체 작업의 효율이 낮아진다.

실제로 최근 뇌과학 연구결과에 따르면 이메일이나 전화를 받는 상황에서 IQ 검사에 응답하면 평균 10점 이상 점수가 떨어지고, 시험에만 집중한 학생들에 비해 스마트폰을 켜놓고 시험을 치른 학생들의 평균 점수가 20점 이상 낮아진다는 결과도 있다. 동시에 두 가지 이상의 작업을 했던 그룹은 한 가지 작업만 했던 그룹에 비해 자기가 뭘 했는지를 기억해내는 비율도 낮다. 책상을 빨리 치우다 보니 이것저것 책상 밑으로 떨어지고 잃어버리는 것이다.

문제는 미디어 중독과 달리 이 멀티태스킹 습관의 위험성은 많이 알려져 있지 않다는 점이다. 더구나 IT 기술이 사용자들의 주의력 분산을 유도하는 방향으로 발전하고 있다. 더 짧아지는 동영상, 우리의 신념에 부합하는 의견만을 보여주는 소셜미디어들, 더 자극적이고 더 어처구니없는 소식들을 알려주는 미디어 플랫폼들은 모두 그러한 발전의 결과물이다. 그럴수록 이 멀티태스킹 습관의 함정은 우리 곁에 다가온다.

나쁜 습관이 날 지배하다, 행동 중독

너무 강렬한 자극과 경험은 언제나 대가를 요구한다. 당신이 중독에 빠지지 않기 위해선 잔잔한 자극과 소소한 경험에 익숙해져야 한다.

어쩔 수 없이 그 행동에 끌려다니는 행동 중독은 위험하다

나쁜 습관의 최종 결말은 '행동 중독**Behavioral Addiction**'이다. 심리학자들은 어떤 나쁜 습관이 누군가의 몸과 마음에 아주 깊숙이 자리 잡았을 때 행동 중독이라고 말한다. 즉 행동 중독은 습관의 노예가 된 상태라고 할 수 있다. 실제로 습관의 힘이 너무 강해지면 그 사람의 일상생활 전체를 조종하게 된다. 스스로 원해서 그 행동을 계속하는 것이 아니라 그걸 하지 않으면 도저히 살 수가 없기 때문에 질질 끌려가듯 어쩔 수 없이 하고 있는 상태가 행동 중독이다.

행동 중독에 해당하는 습관은 여러 가지가 있다. 여기서 다룬 소셜미디어 중독, 게임 중독뿐만 아니라 일이나 공부도 행동 중독의 대상이 될 수 있다. 공부 중독은 좋은 거 아니냐고? 아니다. 공부 중독인 사람은 공부를 잘하지 못하는 경우가 많다. 불안해서 공부에 집착을 하는 것이라 공부에 쏟는 시간과 노력은 크지만 그만큼 효과가 따르지는 않는다. 어쨌든 이런 행동 중독은 대개 당사자도 고통스럽다. 하고 싶어서 하는 게 아니라 어쩔 수 없이 그 행동에 끌려다니는 상태이기 때문이다.

나는 행동 중독일까?
행동 중독의 7가지 기준

혹시 내가 어떤 것에 행동 중독인지 걱정이 된다면 다음 질문에 답해보시라. 이 질문들은 영국의 심리학자 마크 그리피스Mark Griffiths 박사가 말한 행동 중독의 7가지 기준이다.

1) 첫째, 그 행동을 특별히 하고 싶지 않은데도 하게 되는가?

중독의 첫 번째 기준은 내 의지에 반한다는 것이다. 게임 중독인 사람은 게임이 좋아서 하는 게 아니다. 게임을 하지 않으면 기분이 나빠지거나 불안하기 때문에 어쩔 수 없이 하는 것이다.

자기 전에 스마트폰을 보면 숙면을 취할 수 없다는 걸 알면서도 자려고 침대에 눕기만 하면 스마트폰을 켜서 쇼츠를 보는 사람들도 그렇다. 담배를 피우는 사람도 마찬가지다. 건강에 나쁘다는 걸 알면서도 피운다. 중독은 자동화된 나쁜 습관이다. 내 의지와 상관없이 혹은 내 의지와는 반대로 나를 행동하게 만든다.

2) 둘째, 기분이 아주 좋거나 나쁜 날에는 꼭 하는가?

모든 습관화된 행동은 감정을 조절하는 기능이 있다. 우리 뇌 속에 깊이 새겨진 습관들은 기분이 좋아도, 기분이 나빠도 튀어나온다. 그 행동의 역할은 중앙값으로 회귀시켜주는 것이다. 기분이 좋을 때는 좋은 기분을 누그러뜨리고, 기분이 나쁠 때는 그 나쁜 기분을 진정시켜준다. 중독 역시 습관이기 때문에 마찬가지로 감정이 흔들릴 때 튀어나온다. 특히 어떤 행동을 참고 있었다면 기분이 나쁠 때 그 행동에 대한 갈망이 커진다. 오랫동안 담배를 끊었던 사람이 스트레스를 받으면 갑자기 흡연에 대한 충동이 강렬해지는 것처럼 말이다.

긴장, 불안, 스트레스는 뇌의 의지력을 소모한다. 그 의지력이 나쁜 습관을 막고 있었는데, 의지력이 지치니까 그 틈으로 나쁜 습관이 기어 나오는 것이다.

3) 셋째, 바꾸거나 고치려고 했는데 실패한 적이 두 번 이상인가?

갈망은 원래 오래 하지 않을수록 더 커진다. 나쁜 습관을 끊은 기간이 길어질수록 갈망은 커진다. 그러다가 스트레스를 많이 받으면 둑이 무너지듯 터져 나온다. 그래서 나쁜 습관에 대한 갈망은 참는 것이 아니라 새로운 좋은 습관에 대한 갈망으로 대체해야 한다.

4) 넷째, 시간이 갈수록 예전보다 더 많이 하고 있는가?

나쁜 습관은 처음에는 작게 시작했어도 갈수록 더 많이 하게 된다. 이것은 좋은 습관도 마찬가지지만 나쁜 습관은 그 정도가 더 심하다. 왜냐하면 나쁜 습관 행동은 진정한 만족감을 제공하지 못하기 때문이다.

앞에서도 말한 것처럼 좋은 습관이 주는 진짜 만족감은 '향상되는 느낌'이다. 하지만 나쁜 습관은 이 느낌을 제공할 수 없다. 나를 향상시켜주는 습관이면 더 이상 나쁜 습관이 아니다. 그러니까 나쁜 습관은 아무리 많이 해도 진정한 만족감을 느끼지 못한다. 잠깐의 위안은 될 수 있지만 하고 나면 후련한 게 아니라 공허해진다. 문제는 그 공허감을 채우기 위해서 다시 그 습관에 의존한다는 것이다.

5) 다섯째, 갈등을 경험하는가?

그 습관 때문에 주변 사람들과 갈등이 있거나 일을 못 해서 문제가 생기곤 하나? 그럼에도 불구하고 그 습관을 계속하고 있나? 그렇다면 이제 당신은 그 습관에 속박된 상태다. 스스로는 아직 문제라고 여기지 않을 수도 있다. 내 습관이 문제가 아니라 주변 사람들이 문제라고 생각할 수도 있다. 이렇게 갈등이나 문제를 겪고 있으면서 이를 무시하는 건 사실은 그 습관을 유지하는 자신을 정당화하기 위함이다. 이 자체가 중독의 증상이다.

6) 여섯째, 주변에서 나를 볼 때 종종 그 행동을 언급하는가?

이는 '현저성', 즉 그 사람이 반복적으로 하는 행동 습관이 그 사람의 가장 뚜렷한 개성이나 특징이 되어버린 상태를 말한다. 예를 들어 사람들이 A라는 사람에 대해서 설명할 때 "A는 완전 게임 폐인이야!"라고 말한다면, 그 사람의 습관이 그 사람의 대표적인 특징이 되어버렸음을 의미한다.

어떤 습관이 뚜렷하게 반복되고 계속되면 남들도 그걸 알아차린다. 누구는 운동을 참 열심히 해. 누구는 걸핏하면 화를 내. 누구는 매일 술을 마셔. 누구는 늘 도서관에서 살아. 다들 어떤 습관이 그 사람의 정체성이 된 것이다. 습관은 이렇게 나를 바꿀 뿐만 아니라 나를 정의한다.

7) 일곱째, 금단증상이 있는가?

금단증상이란 그 행동 습관을 계속하지 못했을 때 분노나 짜증, 불안감에 휩싸이는 증상을 말한다. 금단증상은 이미 몸이 그 행동에 의존하고 있음을 의미한다. 그 행동을 못 하게 되면 몸도 정상 기능을 유지하지 못하는 것이다. 그래서 주의집중도 안 되고, 아무 생각도 안

나고, 심하면 손도 떨린다. 금단증상은 물질 중독(담배나 알코올 중독, 혹은 마약 중독)에서 확실하게 나타난다. 만약 당신이 어떤 행동을 하지 못했을 때 이 금단증상까지 나타나고 있다면 중독이 확실하다.

도파민 과소비 환경이
균형을 원하는 뇌와 만났을 때

중독의 과정은 뇌와 도파민의 균형으로 설명할 수 있다. 아시다시피 모든 내적인 보상, 성취감, 만족감, 살아 있는 느낌, 행복감은 도파민이 뇌 속에 분비된 결과다. 중독 분야 전문가인 애나 렘키[A. Lembke] 교수의 저서 『도파민네이션』에서는 이 과정을 다음과 같이 설명한다.

우리의 뇌는 평형 상태를 추구한다. 평형이란 크게 흥분되거나 너무 다운되지 않은 중간 상태를 뜻한다. 그래서 만약 도파민이 많이 분비되어 '업'되면 그 반대 방향인 '다운' 쪽에 힘을 실어준다. 신나게 놀고 난 뒤에 찾아오는 공허감이나 무서운 경험을 한 뒤에 느끼는 안도감이 이 도파민 균형 잡기의 결과다.

같은 경험이 반복되면 이제 뇌는 도파민 감도를 낮춘다. 예전과 같이 업이 되려면 전보다 더 많은 도파민이 필요해지도록 작용한다. 그래야 균형을 잡기 쉬우니까. 이게 '내성'이다. 작은 칭찬으로 기분이 좋았던 사람이 칭찬을 계속 받으면 덤덤해지고, 시속 30km만 되어도 짜릿한 스릴을 느끼던 라이더가 나중에는 시속 200km로 달리면서도 평온할 수 있는 것도 모두 내성이 증가한 결과다.

그럼에도 계속 도파민으로 크게 업되는 일이 벌어지면 이제 뇌는 아예 초기값을 바꾼다. 앞으로도 도파민이 많이 들어올 것이라 전제하고 도파민 부족 상태로 자신을 맞추어놓는 것이다. 그래서 같은 수준의 쾌감이 반복되면 처음에는 쾌감의 강도가 줄어들다가 나중에는 아예 불쾌한 상태가 기본 값으로 정해지는 것이다. 이 상태까지 가면 쾌감을 얻기 위해서가 아니라 불쾌감에서 벗어나기 위해서 처음의 자극을 찾기 시작한다. 이게 '금단증상'이고, 진정한 중독의 시작이다. 도파민 균형 이론에 따르면 모든 감정에는 대가가 따른다. 우리가 좋은 기분, 흥분이나 고양감을 즐기고 나면 그 반대인 위축된 느낌, 우울감이 따라온다. 물론 그 반대도 마찬가지다. 불쾌한 경험이 끝나고 나면 은근한 쾌감이 따라오지 않던가.

예전에는 이게 큰 문제가 아니었다. 도파민 과다 분비는 상당히 희귀한 경험이었으니까. 대자연은 인간이 짜릿함을 즐기라고 만들어진 놀이터가 아니다. 과거 짜릿함은 위험을 마주하거나 어떤 활동에 몰입해 고양감에 빠져들어야 접할 수 있는 귀한 순간이었다. 그러나 21세기의 인류는 더 이상 자연계의 눈치를 볼 필요가 없다. 사이버 공간처럼 아예 처음부터 오로지 인간을 위해 설계된 공간에서 살고 있기 때문이다. 인류 문명은 인류에게 안전을 제공했고, 이제는 가공된 짜릿함까지 제공한다.

고대의 콜로세움에서부터 현재의 소셜미디어까지 대중문화의 성장 역사는 어떻게 하면 이용자들의 도파민을 분출시켜서 그게 뭔지는 생각할 겨를도 없이 넋 놓고 몰입해서 물건을 사대고, 누군가의 이윤을 창출하게 만들지에 대한 노하우를 축적하는 과정이다. 21세기, 우리를 둘러싼 세상을 보시라. OTT는 나를 위한 콘텐츠로 가득하고, 온라인 쇼핑몰은 내가 반드시 구매해야 할 상품을 잔뜩 보여준다. 소셜미디어에서는 당신이 관계 맺고 싶은 사람들이 손을 흔들고 있다. 커뮤니티는 공감의 대상뿐만 아니라 분노와 투쟁의 대상까지 제공한다. 그게 비록 사생활 침해와 루머에서 시작해서 비합리적인 비난으로 끝날지라도 상관없다. 적어도 한동안 우리는 분노를 불태우고 정의로운 단죄의 통쾌함을 경험할 수 있다. 이 모두 도파민을 끊임없이 뿜어내는 순간들이다.

이런 도파민 과소비 환경이 균형을 원하는 뇌와 만나면 행동 중독, 짜릿함에 빠진 도파민 중독이 탄생한다. 처음에는 흥미롭고 유익하고 즐거워서 들어가던 소셜미디어가 나중에는 그거 없으면 할 게 없어서, 머릿속에 온통 그 생각뿐이라 어쩔 수 없이 끌려 들어가는 공간이 된다. 필요한 물건을 쇼핑하던 시절이 끝나고 뭔가 지르지 않으면 마음이 공허해서 구매 버튼을 누르고는 정작 배달된 물건의 박스조차 열지 않는 단계가 찾아온다.

지금 당장 내가 그렇지 않다고 해도 안심할 수는 없다. 현대인은 늘 중독과 필요 사이에서 아슬아슬하게 살고 있다.

4장

나의 뇌가 좋아하는
습관 전략 세우기

> 우리는 누구나 좋은 습관을 가지고 싶어 한다. 그런데 당신의 뇌도 그 의견에 동의할까? 생각해보시라. 앞서 살펴보았듯이 우리에겐 애초에 생기지 말았어야 할 나쁜 습관이 잔뜩 있다. 오래전부터 없애려고 노력했던 나쁜 습관도 여전히 뻔뻔하게 번성하고 있다. 뇌가 정말 좋은 습관을 원했다면 이럴 수가 없다.

사실 뇌는 좋은 습관과 나쁜 습관을 차별하지 않는다. 우리는 자존감을 키워주고 더 좋은 미래를 가져다줄 것이라 기대되는 습관을 좋은 습관이라고 생각한다. 반면에 나를 갈수록 우울하고 무능하게 만드는 습관은 나쁜 습관이라고 여기고 없애고 싶어 한다. 그러나 뇌의 입장에서는 좋은 습관과 나쁜 습관의 평가 기준이 전혀 다르다. 사실상 지금 우리에게 남아 있는 모든 습관들은 뇌의 마음에 드는 습관들이다. 그 습관이 장기적으로 당신의 인생을 망치더라도 뇌는 상관하지 않는다.

반면에 그냥 보기에는 정말 훌륭하고 실행하기도 어렵지 않아 보이는데도 막상 내 것으로 만들려면 잘 안되는 습관도 있다. 그건 뇌가 보기에 나쁜 습관이기 때문이다. 그러면 만약 내가 만들려는 좋은 습관을 뇌가 거부한다면 그냥 포기해야 할까? 그럴 필요는 없다. 다행히도 뇌의 기준은 그다지 까다롭지 않다. 뇌가 거부하던 습관도 몇 가지 요소만 살짝 바꾸면 선선히 받아들여지기도 한다.

뇌는 우리 마음의 조종실이지만 우리의 생각과 의견이 일치하지 않는 경우가 많다. 따라서 어떤 습관을 가지고 싶다고 결정하기 전에 당신의 뇌 취향을 먼저 살펴봐야 한다. 내 뇌가 좋아하는 것과 싫어하는 것이 뭔지를 먼저 알아야 내게 맞는 습관 만들기 전략을 효과적으로 세울 수 있기 때문이다. 그렇다면 습관 전략을 세우기 위해서 알아야 할 뇌의 취향은 무엇일까?

우리의 뇌는
방구석 몽상가다

뇌는 의지력과 주의력을 사용하는 데 인색하다. 뇌는 가능하면 주의를 기울이지 않는 행동을 원하고, 의지력이 필요 없는 습관을 선호한다.

인간의 뇌가
게으름을 피우는 이유

뇌는 에너지를 적게 들이는 걸 최우선으로 친다. 그래야 생존할 수 있기 때문이다.

뇌는 존재 자체가 에너지를 많이 소모하는 기관이다. 아무것도 하지 않을 때 체중의 2%를 차지하는 뇌가 소모하는 칼로리는 인체 기초 대사량의 20~25%에 해당하는 350~450kcal 정도다.

뇌가 뭔가 일을 하면 칼로리 소모량은 더 늘어난다. 칼로리 소모량이 늘어난다는 건 그만큼 많이 먹어주어야 한다는 뜻이다. 요즘

같으면 좋은 이야기일 수도 있다. 요즘은 너무 많이 먹어서 살찌는 게 문제니 말이다. 하지만 인류가 이렇게 비만을 걱정할 만큼 여유로워진 건 최근 일이다. 그 전까지 칼로리는 늘 귀한 자원이었다. 뇌를 마구 사용하며 칼로리를 소모하던 선조들은 다 사라졌다. 먹는 것보다 쓰는 칼로리가 더 많으니 당연한 일이었을 것이다.

현대인류는 가능한 한 뇌를 조금만 사용하며 살아남은 선조들의 후손이다. 그래서 열량 과잉이 된 현대 사회에서도 우리의 뇌는 게으름을 피운다.

뇌가 선호하는 활동은 칼로리 소모가 적은 순이다

뇌가 에너지를 아끼려면 어떻게 해야 할까? 생각을 안 하고 몸을 쓰면 되지 않겠냐고? '몸을 움직이는 기관이 근육이고, 뇌는 생각하는 기관'이라는 믿음은 아주 잘못된 생각이다.

우리 뇌는 몸을 움직일 때 가장 활발히 작동한다. 예를 들어 뉴욕 올버니**Albany**대학교 심리학과의 이완 맥네이**E. McNay** 교수에 따르면 악기 연주를 배울 때 우리 뇌는 평소보다 최대 200kcal까지 더 소모한다. 그다음으로 뇌가 에너지를 많이 소모하는 경우는 선택하고 판단할 때다. 중요한 정보를 분석하고 판단을 내려야 할 때 100kcal

정도를 더 쓴다.

반면에 뇌가 순수한 생각이라고 할 수 있는 명상이나 상상을 할 때는 평소 대비 5% 정도인 20kcal 정도의 칼로리만 추가로 소모할 뿐이다.

이 활동들 중에서 뇌가 선호하는 활동은 칼로리 소모가 적은 순이다. 그러니까 뇌가 가장 좋아하는 건 의자에 널브러져 상상에 빠지는 것이다.

일일이 분석하고 판단하고 선택하는 것도 뇌의 취향이 아니다. 우리가 평소에 편견이나 고정관념에 의존하는 게 그 때문이다. 편견이나 고정관념은 내가 힘들여 분석하고 판단해서 선택을 하지 않아도 정해진 답을 내주는 자동기계 같은 거니까.

뇌가 제일 싫어하는 건 '행동하기'다. 행동 중에서도 의식적으로 하는 행동을 제일 싫어한다. 뭔가 새로운 기술을 배우고 안 하던 행동을 할 때 우리 뇌는 엄청나게 피곤해진다. 매 순간 의식을 해야 하기 때문이다.

따라서 뇌는 정말 어쩔 수 없이 행동을 해야 한다면 이미 선택지가 정해진 행동, 얕게 생각해도 되거나 아예 생각이라는 걸 하지 않아도 되는 익숙하고 자동화된 행동을 선호한다. 바로 그것이 습관화된 행동이다. 앞서 설명했듯 습관은 자동화를 통해 생각하고 선택하는 귀찮고 힘든 과정을 건너뛰게 해주기 때문이다.

뇌가 추구하는 이상향은 방구석 몽상가

정리하자면 우리 뇌는 타고난 게으름쟁이다. 직접 운동장에 가서 축구하는 것보다는 남이 하는 축구를 보면서 마치 자기가 축구하는 것처럼 이래라저래라 떠드는 걸 더 좋아한다.

뇌의 입장에서는 직접 하는 축구나 TV를 통해 구경하는 축구나 같은 것으로 칠 수 있다. 그 축구팀 선수들은 내가 누구인지도 모르고 나라는 사람이 있는지조차 모르겠지만, 나는 마치 그 팀의 선수나 감독이 된 것처럼 팀원들에게 소리치고 비평하고 혼자 기뻐하고 화를 내며 즐길 수 있다. 주둥아리를 제외하고는 몸을 움직이지 않으니 에너지를 소모하지 않아서 좋고, 그럼에도 축구를 직접 하는 것처럼 즐길 수 있으니 뇌의 입장에서는 일석이조다.

컴퓨터 게임을 할 때는 이렇게 입으로만 떠드는 것보다는 조금 더 피곤하다. 최소한 상황판단은 해야 하고, 손가락이라도 정확히 움직여 컨트롤은 해야 하기 때문이다. 그래도 손가락과 눈동자를 제외한 나머지 몸은 움직이지 않으니 뇌로서는 컴퓨터 게임이 나쁘지 않은 선택지다. 하지만 최소한의 컨트롤도 필요 없게 해주는 자동사냥 시스템이 깔린 게임이 있으면 그걸 더 좋아한다. 물론 게임도 남이 하는 게임을 구경하면서 감 놓아라 배 놓아라 떠드는 걸 제일 좋아한다.

뇌는 현실의 문제를 해결하는 것이 아니라
그저 해결했다고 상상하는 쪽을 더 선호한다.
뇌는 그냥 놔두면 방구석 폐인이 된다.

어쨌든 우리 뇌는 몸을 움직이지 않고, 구체적으로 생각하지 않고, 그냥 남이 하는 걸 내가 하는 것인 양 상상하고 싶어 한다. 그래서 우리가 되는대로 살다 보면 결국에는 다 '방구석 몽상가'가 된다. 바로 이것이 뇌가 추구하는 이상향이고, 우리가 아무 생각 없이 본능이 이끄는 대로만 살다 보면 도달하는 궁극의 결말이다.

뇌엔 크기보다
횟수가 더 중요하다

"가랑비에 옷 젖는다"는 속담은 뇌의 세상에서는 진리다. 뇌는 큰 것 한 방보다 작은 것 여러 방에 더 많이 흔들린다.

│ 작은 사건들이 축적되어
│ 전체적인 삶의 질을 결정한다

'소확행'이라는 말을 아실 것이다. 소설가 무라카미 하루키가 자기 수필에서 처음 사용한 단어로 '소소하지만 확실한 행복'의 줄임말이다. 미국 일리노이 대학교 심리학과 교수이자 행복 심리학의 전문가였던 에드 디너^{Ed Diener} 교수의 연구에 따르면 소확행은 행복의 비결이다. 디너 교수가 발견한 행복의 법칙은 '크기보다 빈도'라는 것이었다. 다시 말해서 우리를 행복하게 만드는 건 엄청 기쁜 사건 하나보다는 소소한 기쁨 여러 건이라는 뜻이다.

로또에 당첨된 사람들 22명을 대상으로 그들이 얼마나 행복해졌는지를 연구한 결과, 당첨 직후에는 다들 행복해했지만 1년 후 그 사람들이 느끼는 행복은 당첨 이전 수준으로 되돌아왔다. 반대로 큰 사고로 몸이 영구적으로 마비된 28명을 추적 조사한 결과, 사고 직후에는 엄청나게 불행해했지만 시간이 흐르자 사고 이전의 행복 수준을 회복했다는 결과도 있다.*

이처럼 큰 사건은 우리 삶을 뒤흔들어놓을 수 있지만, 결국 우리 행복 수준을 결정하는 것은 소소하고 자잘한, 그러나 자주 일어나는 일상 속의 사건들이다. 대박 로또에 당첨되거나 큰 상을 한 번 받는 것보다는 매일 만나는 지인들과 즐거운 대화를 나누고 미소를 교환하는 것, 자기가 좋아하는 음식을 맛보는 것, 편안하게 잠자고 개운하게 일어나는 것, 며칠간 노력한 일이 성과를 거두고 인정받는 것 등 우리가 일상을 영위하면서 만나는 작은 사건들이 축적되어서 전체적인 삶의 질을 결정한다. 이는 보상에 대해서도 마찬가지 원칙이다.

---

* 이는 그나마 장애인 권리가 보장되는 미국이라서 가능한 결과였을지도 모르겠다.

뇌는 큰 보상을 한 번 받는 것보다
그 보상을 작게 쪼개 여러 번 받길 원한다

뇌는 언제나 그렇다. 뇌는 크기보다는 횟수가 많은 쪽을 더 좋아한다. 큰 보상을 한 번 받는 것보다는 그 보상을 작게 쪼개서 여러 번 나누어 받는 쪽을 더 좋아한다. 심지어 너무 큰 보상이 오면 도망치기도 한다.

뇌가 그런 이유는 여러 가지다. 우선 큰 보상을 받는 순간 평형이 깨진다. 평형이 깨지면 스트레스도 함께 몰려오고 오히려 힘이 든다. 스트레스 없이 즐거움만 잔뜩 받으면 좋을 것 같지만, 그런 경우에는 나쁜 습관 분석에서 설명한 중독 시스템이 활성화된다. 그러니까 좋은 습관을 들이기 위해서 한 방에 큰 보상을 받을 필요가 없으며, 큰 목표를 세울 필요도 없다. 매일매일 작은 목표를 세우고 그걸 달성하면서 소소한 보상을 받는 것이 최선이다.

처음부터 마라톤 완주를 해버린다고 달리기 습관이 만들어지는 것은 아니다. 하지만 하루에 1km 달리기를 42번 하면 그건 습관이 될 수 있다. 반복을 하려면 시간이 오래 걸린다. 지금 당장 변화하고 싶은 사람들에겐 속 터지는 일이다. 하지만 다른 방법은 없다. 좋은 습관과 나쁜 습관이 경쟁할 때 이기는 쪽은 결국 더 오래, 더 많이 반복한 쪽이다.

어떤 행동을 습관으로 만드는 방법은 오직 단 하나, 반복이다

반복은 그 자체로 행동을 지속하는 힘이 있다. 뇌는 굳이 행동을 해야 한다면 반복을 많이 했던 행동을 선택한다. 같은 행동을 반복할수록 그 행동에 관련된 신경회로가 정리되면서 더 적은 에너지로 작동할 수 있기 때문이다. 반복될수록 2차선 국도 같던 신경회로가 왕복 8차선 고속도로처럼 뺑 뚫려버린다. 바로 이것이 '자동화'다. 자동화된다는 건 예전에 필요했던 분석, 판단, 선택 같은 중간 단계들이 다 생략된다는 뜻이다.

여러분은 누구든 생판 처음 가보는 낯선 길을 가본 적이 있으시리라. 처음 갈 때는 그 길이 꽤 길고 복잡하게 느껴진다. 분기점마다 어느 쪽인지 한 번씩 더 생각해야 하니 피곤하기도 하다. 하지만 그 길을 자주 다니다 보면 그런 판단이 필요 없어진다. 익숙해지면 그 길을 가는 데 소모하는 체감 시간까지 줄어든다. 실제로 시간이 줄어들지는 않았는데 뇌가 그렇게 느끼는 거다. 길을 따라 걸어가는 과정이 자동화되었기 때문이다.

뇌는 행동하지 않고 생각만 하는 걸 좋아한다. 상상이 의지력 에너지를 제일 적게 쓰기 때문이다. 굳이 행동을 해야 한다면 의지력이라는 에너지를 적게 쓰는 행동을 선호한다. 그런 행동은 깊이 생각하거나 선택할 필요가 없이 그냥 하는 자동화된 행동이다. 행동을 자동화하는 방법은 단 하나다. 그 행동을 오랜 시간에 걸쳐 여러 번 반복하면서 틈틈이 소소한 보상을 받는 것이다.

결국 오랫동안 반복한 행동은 뇌가 에너지를 소비하지 않고 할 수 있기 때문에 습관으로 자리 잡게 된다. 따라서 복잡한 행동도 선택의 여지 없이 단순하게 분해하고, 자주 반복하기 쉽게 만들어놓으면 뇌가 좋아하는 행동이 된다. 다시 말하지만 어떤 행동을 습관으로 만들기 위한 방법은 단 하나, 반복이다.

나 자신을 아는 것,
습관 전략의 시작이다

모든 전략의 시작은 나를 아는 것이다. 이는 습관 전략에서도 마찬가지다. 나의 현재 상태, 기분, 약점과 강점, 갈망을 이해해야 습관의 목표를 내 것으로 만들 수 있다.

세상에서 제일 중요한 존재는
'지금 여기에 있는 나 자신'

습관 전략을 세우기 전에 확실하게 짚고 넘어갈 원칙이 있다. 세상에서 제일 중요한 존재는 바로 '지금 여기에 있는 나 자신'이라는 원칙이다. 이건 당신의 자존감을 달래주려는 말이 아니다. 현실적이 되어야 한다는 뜻이다.

지금 여기에 있는 내가 어떤지를 알아야 앞으로 무엇을 어떻게 바꿀지도 알 수 있다. 변화의 방향은 현재의 나에서 미래의 나로 가는 것이다. 그런데 현재의 내가 어떤지를 모르면 방향을 잡을 수 없다.

아시다시피 다이어트 계획을 세울 때 제일 먼저 해야 하는 일은 내가 하루 동안 뭘 얼마나 먹는지를 자세하게 쓰고 읽어보는 것이다. 물만 마셔도 살이 쩐다고 주장하는 사람들은 전부 자기가 평소 뭘 얼마나 많이 먹는지 모른다. 그러니 다이어트에 성공할 수가 없는 것이다.

마찬가지로 습관 전략의 시작점은 '현재의 나'다. 지금 내가 어떤지를 명확하게 알고 그것을 사실로 받아들인 다음에야 습관이든 뭐든 가능해진다. 물론 외면하고 싶을 것이다. 지금 내가 얼마나 답이 없는 한심한 상태인지, 내 기분이 얼마나 우울한지 느끼고 싶지 않을 것이다. 그러나 지금 습관을 바꾸려는 이유가 바로 거기에 있지 않은가. 아무리 외면하고 싶은 추한 모습일지라도 지금 여기의 내 모습을 정확히 보아야 한다.

지금 여기에 있는 내가 출발점이다. 내가 어디에 있는지를 외면하고서는 앞으로 갈 수 없다. '지금 여기에 있는 나에게 집중하기'는 현재의 출발점을 아는 것이고, 미래의 목표를 정하는 것이다. 우리는 누구를 위해 존재할까? 바로 나 자신을 위해서다. 내 부모를 위해서도 아니고, 내 애인을 위해서도 아니며, 내 가족이나 내 자녀를 위해서도 아니다. 심지어 미래의 나를 위해서도 아니다. 실재하는 건 지금 여기에 있는 나뿐이다. 이 세상에서 제일 중요한 존재 역시 지금 여기의 나다. 좋은 습관을 만들려는 이유도 오늘의 내가 어제의 나보다 조금 덜 불행해지기 위함이다. 아주 조금씩이라도 말이다.

과거는 이미 지나갔고,
미래는 아직 오지 않았다

우리는 대부분 현재보다는 미래를 위해 노력해야 한다고 배워왔다. 하지만 그 미래는 현재의 연장선에 있다. 우리가 과거에 사로잡히면 후회에 빠져 살고, 미래에 사로잡히면 걱정과 불안에 빠져 산다. 건강한 사람들, 제대로 사는 사람들은 언제나 지금 여기에 집중해서 사는 사람들이다.

과거는 이미 지나갔고, 미래는 아직 오지 않았다. 내가 온전히 알 수 있는 것도 지금 여기의 나이며, 내가 어떻게 뭐라도 할 수 있는 대상 역시 지금 여기의 나뿐이다. 지금 여기의 내가 잘 살아야 미래도 있고, 타인을 사랑하며 도움을 줄 수 있다.

인본주의 심리학자 매슬로^{A. H. Maslow}는 인간이 성장하는 최종 단계를 '자아실현'이라고 보았다. 이 자아를 실현한 사람들의 특징은 다음과 같다.

① 마치 어린이처럼 깊이 몰입해 삶을 체험한다.
② 타인이나 관습보다는 자신의 느낌을 더 중요하게 여긴다.
③ 안전한 길만을 고집하지 않고 새로운 길을 시도한다.
④ 책임감을 갖고 무슨 일이든 열심히 한다.

⑤ 자신의 방어기제를 알고, 이를 포기할 용기가 있다.

⑥ 핑계를 대지 않고, 가식 없이 솔직하게 대한다.

위의 6가지 특징은 모두 '지금 여기의 나'를 중심으로 사는 사람들의 특징이다.

자기 삶에 깊이 몰입하려면 당연히 지금 여기에 살고 있어야 한다. 타인이나 관습보다 자기 느낌을 중시한다는 건 자기 주관을 지키며 산다는 뜻이다. 안전한 길에서 벗어나 새로운 길을 시도하려면 미래에 대한 불안감을 제어할 수 있어야 하는데, 그러기 위해선 현재를 충만하게 살면서 얻은 자신감이 필요하다.

지금 여기에 충실하다는 것은 지금 내게 주어진 일에 충실하다는 뜻이다. 남에게 솔직하려면 우선 자신을 속이지 않아야 한다. 자신의 주관을 지키며 사는 사람들은 남의 시선에 휘둘리지 않고 솔직하게 자신을 볼 수 있다. 그런 사람들은 필요한 경우 자기 방어를 하지만, 필요 없을 때는 그 방패를 내려놓을 줄도 안다.

누군가를 위해 헌신하는 삶이 나에게 제일 만족스럽다면, 그것도 좋다. 미래를 위해서 현재를 희생하는 생활도 종료 지점이 명확하다면 의미 있다. 하지만 적어도 내가 원하는 것이 무엇인지는 알아야 하고, 현재 내 삶이 그 목표를 향하고 있는지는 알고 있어야 한다. 자녀의 성공을 위해 헌신하고 노력하는 것도 좋지만 자신의 삶과 자녀의 삶을 구분할 수는 있어야 한다.

습관 전략의 모든 보상과 갈망은
지금 여기의 나를 중심으로 생각하자

나를 위해 남을 이용하라는 말은 아니다. 이 원칙은 다른 사람들에게도 마찬가지로 적용되어야 하기 때문이다. 나에게 지금 여기에 있는 내가 제일 중요한 것처럼, 남들에게도 그 사람의 지금 그곳을 제일 중요하게 존중해주어야 한다. 남들의 현재를 존중하지 않을 때 착취가 시작된다. 직원에게 정당한 보상을 주지 않는 고용주, 학생들을 제멋대로 부려먹는 교수, 친구나 동료를 이용해먹는 인간들은 모두 타인의 현재를 착취하면서 그들의 미래를 보장해주겠다는 허망한 약속을 한다.

미래는 생각하지 말고 현재의 즐거움만 추구하라는 뜻도 아니다. 지금 여기서 당신이 감당해야 하는 과업이 분명히 있다. 그게 힘들고 고통스러울 수도 있다. 그것 역시 지금 여기에 있는 당신이 해결해야 할 문제다.

지금 여기의 나는 지금 당신이 집중해야 할 대상이기도 하다. 멀티태스킹의 가장 큰 문제가 지금 내가 존재하는 곳이 아닌 다른 곳에 정신이 팔리게끔 만드는 것임을 기억하시라. 좋은 습관을 만든다는 건 바로 매일 당신 앞에 주어지는 문제에 주의력을 집중하는 능력이 조금이라도 나아지는 걸 의미한다.

잊지 마시라. 내가 있어야 남도 있다. 현재가 있어야 미래도 있는 것이다. 이 세상에서 제일 중요한 건 현재의 나다. 모든 목표와 계획, 앞으로 이야기할 습관 전략의 모든 보상과 갈망은 지금 여기에 있는 나를 중심으로 생각해야 한다.

바늘 도둑에서 시작해
소도둑이 되기

처음에는 작게 시작하는 게 최선이다. 작게 시작해야 점수를 많이 낼 수 있다. 반복을 하지 않으면 습관이 될 수 없으니 반복은 디폴트, 중요한 건 작게 시작하는 것이다.

처음 시작할 때는
아주 작게 하라

모든 습관은 아주 작은 행동으로 시작한다. 그리고 그 작은 행동이 축적되면 처음에는 상상하지 못했던 결과까지 만들어낸다. 반복을 하지 않으면 습관이 될 수 없으니 반복은 디폴트, 중요한 건 작게 시작하는 것이다. 바늘 도둑으로 시작해서 소도둑이 되는 것이 습관 전략의 핵심이다.

시작할 때 작게 시작하는 또 다른 이유는 뭐든지 시작이 제일 힘들기 때문이다. 행동에는 관성의 힘이 작동한다. 아무것도 하지 않던 상태에서는 뭔가를 시작하기가 정말 힘들다. 그런데 일단 작게라도 시작하고 나면 이제는 오히려 멈추기가 어려워진다. 가만히 있는 물체를 움직이려고 하면 힘들지만 일단 움직이기 시작하면 오히려 멈추는 게 더 힘든 관성의 법칙과 마찬가지다. 그래서 거의 모든 습관 전문가들이 "처음 시작할 때는 아주 작게 하라"고 당부하는 것이다.

구체적인 목표를 정하고, 작은 승리를 반복해야 한다

구체적인 목표를 정해야 한다. 구체적인 목표란 누가 봐도 달성 여부를 판정할 수 있는, 눈에 보이고 측정 가능한 목표를 말한다.

예를 들어 '열심히 공부하기'는 좋은 목표일지는 몰라도 구체성이라고는 찾아볼 수 없는 목표다. 반면에 '책 2페이지 읽기'는 작지만 아주 구체적인 목표다. 규칙적인 식사 습관을 만들고 싶다면 정확히 몇 시에 밥 먹기를 목표로 정할 수 있다.

매일 그 시간에 뭐든 식사라고 할 수 있는 것을 먹으면 성공인 것이다. 달리기 습관을 만들려면 처음 달리기 전에 목표를 정해야 한다. 몇 분 뛰기 혹은 몇 미터 달리기같이 내가 확인할 수 있는 목표가 반드시 필요하다.*

목표의 크기는 아주 작아도 된다. 사실 습관 전략의 첫 번째 원칙은 조금 힘은 들지만 달성 못 할 이유가 전혀 없는 목표를 잡는 것이다.

유튜브 〈한입심리학〉을 운영하는 심리학자 조지선 교수는 꼬마 습관Tiny Habit을 제시한다. 이 개념은 스탠퍼드대학교의 심리학자 포그B. J. Fogg가 만든 건데, 딱 30초 안에 할 수 있는 행동을 목표로 하라는 것이다. 그 목표를 달성하기 위해서 노력이 들어가면 안 되고, 30초 이상의 시간이 필요해서도 안 되며, 고통을 느껴도 안 된다. 유일한 조건은 매일 반복할 수 있는 것이어야 한다는 것이다.

예를 들어 치아 하나만 치실질하기, 책 읽기라면 30초 안에 읽을 수 있는 단위인 한 문장만 읽기, 운동이라면 30초 안에 할 수 있는 단위인 스쾃 2개 하기, 혹은 푸시업 2개 하기 정도에 해당하는 단위다.

단, 그 작은 단위의 행동을 평소 매일 할 수밖에 없는 행동과 연결 짓는다. 예를 들어 스쾃 2개를 목표로 한 다음에 이걸 화장실을 다녀

---

* 우리가 살면서 해야 하는 일들은 이렇게 단순한 목표로 해결되지 않는 것들이 많다. 책을 쓴다거나 어떤 프로젝트를 완수해야 하는 경우에는 하루 몇 분 하기 정도의 단순한 목표 이상이 필요하다. 그래서 일정표를 짜야 한다. 의지박약에다가 미루는 습관 만렙인 사람들은 이 일정표 짜기에서 이미 좌절하기도 한다. 그런데 일정표 짜기 자체도 또 세부과제로 나눌 수 있다. 해야 할 일을 세부적인 단계로 나누고, 각 단계별 일정을 세운 뒤에, 그 일정표대로 하나씩 실천해가야 한다. 이런 일에 비하면 상대적으로 단순한 습관 만들기 전략 세우기는 쉽다.

온 직후에 하는 습관으로 만드는 식이다.

요컨대 습관 행동의 단위는 시간이 없어서, 너무 바빠서, 너무 피곤해서, 혹은 여건이 되지 않아서 못 했다는 핑계를 댈 수 없을 만큼 작아야 한다. 화장실을 다녀올 시간이 있으면 스쿼트 2개도 당연히 할 수 있다. 이게 너무 작게 느껴진다면 조금 키워도 무방하다. 중요한 건 실패하지 않고 계속할 수 있는 목표를 정하는 것이다.

주식투자의 고수 워런 버핏의 제1 원칙이 무엇이던가. "10년을 보유할 생각이 없는 주식은 단 1분도 가지지 말라." 이 말은 습관에도 적용이 된다. 뭐든 10년을 할 생각이 없다면 아예 하지 마시라.

다이어트를 생각해보시라. '5kg 감량 한 달 다이어트' 따위는 내 몸을 망치고 정신건강을 해치는 값비싼 자해 수단일 뿐이다. 그런 다이어트는 중단하는 순간부터 요요가 온다. 정말로 다이어트를 통해 내 몸을 변화시키고 싶다면 '앞으로 나는 평생 이렇게 먹을 거고 그래도 충분히 만족스럽게 살 수 있다'라고 확신할 수 있는 메뉴를 짜야 한다. 다이어트는 안 먹는 게 아니라 먹는 것, 몸에 좋고 내가 매일 만족할 수 있는 걸 먹는 것이다.

습관 전략도 마찬가지다. 작은 승리를 계속하는 것이 목표다. 그 작은 승리 하나하나가 내가 원하는 변화로 이어지는 아주 작지만 결코 무너지지 않을 계단이 된다.

목표를 달성했다면
그 승리를 자축하며 잠깐 쉬어라

습관의 단위를 작게 나누기 위해서 반드시 필요한 요소는 휴식이다. 휴식은 한 번의 행동을 성공적으로 완료했음을 뇌에게 알려주는 세리머니, 즉 작은 승리를 자축하는 행사다.

이 휴식은 긴 시간을 필요로 하지 않는다. 눈에 보이는 행사를 하라는 것도 아니다. 그냥 혼자서 알고 넘어가는 몇 초면 충분하다.

2페이지 책 읽기를 목표로 했다면, 그 목표를 달성한 마음속으로 "어, 목표를 달성했네?"라고 말하는 정도면 충분하다. 중요한 핵심은 2페이지를 읽기로 해놓고 한 번에 4페이지를 읽어버리지 말라는 것이다. 2페이지 읽기를 끝낸 뒤 심호흡하고 기지개를 켜고 기분이 어떤지 잠깐 느껴보고, (별 느낌 안 오겠지만) 그리고 피곤하지 않으면 다시 2페이지를 더 읽으라는 것이다.

목표를 달성한 뒤에 쉬어야 하는 이유는 그 잠깐의 심호흡 순간에 뇌가 보상을 받기 때문이다. 내가 해냈다는 인식, 작은 승리 1점 적립, 그리고 그 작은 승리의 느낌을 음미하는 것 모두 보상이다. 보상을 받지 못한 행동은 사라진다.

목표를 달성했으면 보상을 받으시라. 지금 달성한 목표가 너무 하찮아서 단 2초짜리 보상도 받을 가치가 없다고 생각한다면, 지금 당신에게 방금의 목표 달성이 정말로 별거 아닌 수준이었는지 자기 평가를 다시 해보시라. 전에는 하루에 책 한 페이지도 읽지 않던 사람이 지금 2페이지 읽은 게 별거 아니라고 생각한다면, 그건 주제 파악을 하지 못한 오만한 태도일 뿐이다.

자기 평가를 충분히 했는데도 별거 아니라면, 목표를 조금 높이시라. 2페이지는 너무 쉬워서 4페이지를 읽어버렸다고? 그렇다면 다음번에는 목표를 2페이지가 아니라 4페이지로 삼으시면 된다.

승리 횟수가 많이 쌓인 행동이 마침내 습관이 된다

어떤 행동이 습관이 되려면 그 행동을 완수하는 일이 반복되어야 한다. 이렇게 어떤 행동을 끝까지 하면 뇌는 그것을 그 행동의 승리로 카운트한다. 반면에 어떤 행동을 하려고 했는데 못 하면 그 행동의 패배로 적립된다.

뇌의 입장에서는 크기보다는 빈도다. 습관 행동도 마찬가지다. 큰 승리나 작은 승리나 뇌 입장에서는 같은 승리다. 승리 횟수가 많이 쌓인 행동이 습관이 된다. 패배 횟수가 쌓일수록 그 행동은 희미해진다.

작은 단위로 나누는 전략은 승패를 가르기도 한다. 하루 100페이지 책 읽기를 목표로 삼았다가 못 하면 패배하는 것이다. 하지만 하루 2페이지 책 읽기가 목표라면 훨씬 달성하기 쉽다. 아무리 쉬워도 승리는 똑같은 승리다. 10페이지 읽기 목표를 세웠는데 8페이지까지 읽고 끝내면 뇌는 그것을 1패로 본다. 하지만 목표를 2페이지로 삼고 2페이지 완료할 때마다 확인을 하면서 8페이지를 읽으면 4승이 된다. 그러니까 행동을 작은 단위로 나누는 것은 일종의 속임수다. 1점을 낼 수 있는 플레이로 2점 혹은 3점을 얻어내는 방법이고, 심지어 패배가 될 경기를 2~3점씩 내고서 이겨버리는 방법이기도 하다.

이렇게 작은 퀘스트 하나씩을 완료할 때마다 뇌가 느끼는 것을 게슈탈트^{Gestalt} 심리학자들은 '경험의 완성'이라고 말한다. 반면에 하다가 만 행동, 시도했는데 제대로 되지 않은 행동은 '미결 사건' 혹은 '온전하지 않은 경험'이다. 그런 경험은 완료되지 않았기 때문에 계속 머릿속에 남는다. 미완성으로 끝난 짝사랑의 기억이 계속 남고, 누구에게 하지 못했던 말이나 행동이 걸핏하면 떠오르는 이유가 그때문이다.

경험을 완성해야 그 경험이 내 머릿속에서 계속 걸리적거리지 않고 깔끔하게 사라진다. 마음이 과거에 멈춘 상태일 때 우리는 후회, 우울, 분노에 사로잡힌다. 그러니 어떤 행동을 시작했으면 반드시 끝내는 것이 좋다. 그 비결은 반드시 끝낼 수 있는 행동을 하는 것이다. 작은 목표는 바로 그 비결이다.

4장

부정이라는 개념을
뇌는 모른다

습관 들이기의 핵심은 나쁜 습관을 없애는 것이 아니다. 우리의 목표는 어떤 행동을 '하지 않는 것'이 아니라 그것 대신에 다른 행동을 '하는 것'이다.

나 자신과 싸우려 하지 말고, 평생 나 자신을 길들여야 한다

흔히 치열한 노력을 기울이는 과정을 '나 자신과의 싸움'이라고 한다. 하지만 나 자신과 싸우는 건 좋은 전략이 아니다. 나는 내가 길들여야 할 평생 친구다. 처음에는 그 만남이 거칠고 험악할 수 있다. 하지만 그런 만남은 이미 우리가 2~3세 시절에, 그리고 다시 사춘기 시절에 끝냈어야 한다.

지금 내가 가장 잘 알고 있고, 나에게 가장 소중하고, 내가 끝까지 의지해야 할 존재는 바로 나 자신이다. 그런 나와는 싸울 게 아니라

서로 잘 이해하고 친하게 지내야 한다. 나와 싸우지 말라는 건 자기 자신을 학대하지 말라는 뜻이고 내 존재를 부정하지 말라는 뜻이다. 내 존재를 부정하는 건 내 욕구를 부정하고 내 생각을 부정하는 것이다.

나와 싸워서 이기면 결국 지는 것도 나다. 우리의 목표는 나를 위해 좋은 습관을 만드는 것이지 지금까지의 나를 부정하는 건 아니다. 뭐 지금까지의 내가 전부 만족스러우면 습관이니 뭐니 생각할 필요가 없을 것이다. 그러니까 불만스러운 뭔가가 있어서 이 모든 것을 시작한 건 맞다. 하지만 좋은 습관이든 나쁜 습관이든 모두 지금 여기의 나와 엮여 있다. 즉 내 장점은 단점과 연결되어 있기 마련이다.

무엇을 부정하려고 하면
그것에 더 집착하게 된다

습관 들이기의 핵심은 나쁜 습관을 없애는 것이 아니다. 나쁜 습관을 조금씩 그보다 더 나에게 도움이 되는 습관으로 교체하는 것이다. 그게 그거 아니냐고 하실 수 있는데, 전혀 다르다. 하나는 제거가 목표고, 다른 하나는 새로운 요소를 정착시키는 것이 목표다. 제거만을 목표로 해서는 성공할 수 없다. 스키너는 "학습이란 뭔가 하는 걸 배우는 것이다. 뭔가를 하지 않는 법을 배울 수는 없다"고 말했다.

우리의 뇌는 부정이라는 개념을 모른다. 오히려 무엇을 부정하려고 하면 그것에 더 집착하려 든다.

다이어트를 할 때 쉽게 빠지는 함정이 먹지 않으려고 하는 것이다. 먹지 않는 것을 목표로 하면 먹고 싶어지게 되어 있다. '코끼리를 생각하지 말라'고 하면 코끼리만 생각나듯이, '오늘부터 과자를 끊어야지'라고 생각하면 그때부터 과자가 더 고귀한 음식으로 느껴지기 시작한다. 내가 못 먹고 내가 할 수 없는 것일수록 더 먹고 싶고 더 하고 싶어지는 것이 인간의 본성이다.

심리학자들은 이렇게 되는 이유가 '자유에의 욕구' 때문이라고 한다. 뭔가를 하지 못한다는 건 자유가 구속받는다는 뜻이고, 생존의 가능성이 줄어든다는 뜻으로 인식하기 때문에 어떻게든 하려고 든다는 것이다. 과거에는 그렇게 해야 살아남을 수 있었기 때문에 자유에의 욕구가 인간 본성에 깊이 심어져 있지만 지금은 안타까운 일이 발생한다. 다이어트를 하며 닭가슴살만 먹던 사람들은 다이어트를 끝내고 나면 폭식을 한다. 다이어트 기간 동안 음식에 대한 갈망이 축적되었기 때문이다. 그리고 요요를 맞이한다. 다이어트를 시작하고 나면 잠깐 홀쭉한 모습을 보였다가 다이어트 이전보다 더 튼실한 체격이 되는 것이다. TV에 나오는 연예인들을 보시라. 살을 뺐던 사람들은 결국 거의 다 이전보다 더 뚱뚱한 모습이 되지 않던가. 이 과정이 반복될수록 피부도 푸석해지고, 노화는 촉진되며, 살은 더 빼기 어려워진다.

무엇을 하지 않으려고 하면 그것만 생각나는 이유는
뇌가 원래 그렇게 작동하기 때문이다.

먹고 싶은 과자가 있다면
식탁 위에 쌓아두라

어쨌거나, 하지 않으려고 하면 오히려 하고 싶어지는 건 어쩔 수 없는 본성이다. '오늘부터 아이스크림을 먹지 않아야지'라고 생각하면 하루 종일 아이스크림 생각만 난다. '오늘부터 게임을 끊어야지'라고 생각하면 게임만 생각난다.

반대로 '잠을 자야 한다'고 생각할수록 잠이 안 온다. '사람들 앞에서 실수하면 안 된다'는 생각이 강할수록 오히려 제 실력을 발휘하지 못하고 실수를 한다. 게슈탈트 심리치료에서는 이런 현상을 '역설적 의도'라고 부른다.

나의 경우를 예로 들자면, 언제부터인가 내가 일단 어떤 과자를 먹고 싶다는 욕구가 생긴 다음에 그 생각이 계속 유지되는 이유가 그 과자가 지금 당장 내 앞에 없어서 먹을 수 없기 때문임을 알게 되었다. 그래서 이제는 생각나는 먹고 싶은 과자가 있으면 일단 산다. 그러고는 그 과자를 식탁 위에 쌓아놓는다. 이렇게 해놓으면 그 과자에 대한 욕구가 줄어든다.

습관의 원리에 따르면 이 과자들이 신호로 작동해서 먹는 행동으로 이어질 것 같지만 그건 보통의 경우다. 게으름 피우는 습관이 가득한 나는 눈앞에 과자가 많이 쌓여 있는 걸 보면 이제는 '굳이 저거 먹어야 해?'라는 생각이 든다. 물론 처음에는 그중 한두 개 정도는 먹기도 한다. 그러나 그 이후에는 과자가 충분하다는 신호가 계속되니까 과자에 대한 갈망이 오히려 시들해진다. 나중에는 유통기한이 지나서 버리게 되는 상황을 걱정하기에 이른다.

마음속으로 들어오는
좋은 보상을 찾자

모든 보상은 내적인 뿌듯함과 만족감으로 전환되어야 우리 마음속으로 들어온다. 따라서 직접 그 뿌듯함을 줄 수 있다면 그게 제일 좋은 보상이다.

사람은 외적인 보상에만
의존하지 않는다

〈포켓몬고〉가 한참 유행이던 시절, 이 게임을 한다며 떼로 몰려다니는 사람들을 지켜보던 동료 박사가 나에게 물었다. "그거 레벨 높아지면 게임 회사에서 무슨 상 줘요?" 그가 던진 질문은 순수한 호기심의 표현이었다. 당연한 의문이다.

우리가 열심히 뭔가를 하는 이유는 대부분 외적인 보상 때문인 것처럼 보인다. 열심히 공부하는 이유는 좋은 대학에 진학하기 위해서이고, 열심히 일하는 이유 역시 돈을 벌기 위해서가 아니던가. 그러나 사람은 외적인 보상에만 의존하지 않는다. 그 증거가 바로 게임이다.

게임은 외적인 보상과는 가장 멀리 떨어져 있는 활동이다. 일부 프로게이머를 제외하고는 게임을 해서 외적인 보상을 얻는 사람은 없다. 오히려 게임을 한다는 이유로 온갖 고난과 핍박을 받는 경우가 대부분이다. 그럼에도 많은 이들이 게임을 한다. 그것도 그 어떤 보상을 보장하는 활동보다 더 자발적이고 열성적으로!

게임은 심지어 외적인 보상을 보장하는 활동을 밀어내기도 한다. 분명히 그 시간 동안 공부를 하거나 보고서를 썼다면 적어도 지금보다 더 나은 성적이나 평가가 보장되어 있음에도, 많은 이들이 그 시간에 아무런 보상을 주지 않는 게임을 하는 것이다. '우리의 행동이 외적인 보상에 의해서 결정된다'는 주장을 반박하고 싶다면 게임하는 인간을 데려오면 된다.

행동을 습관으로 만드는 좋은 보상의 조건들

행동을 습관으로 만들기 위한 열쇠는 '보상'에 있다. 그리고 보상에는 좋은 보상과 덜 좋은 보상이 있다. 좋은 보상의 첫 번째 조건은 행동한 직후에 받을 수 있는 보상이다. 이 조건만 갖추면 일단 보상으로서의 역할을 할 수 있고, 습관을 만들어낼 수 있다. 하지만 다음과 같은 몇 가지 부가 조건도 갖춘다면 보상의 효과가 더 커진다.

1) 원래 행동의 목표를 역행하지 않는 보상이 좋다

예를 들어 체지방을 줄이기 위해서 운동하는 습관을 들이기로 했는데 운동을 한 직후에 보상이랍시고 달고 맛있는 음식을 먹기로 했다면, 운동하는 습관을 만들 수는 있겠지만 그 습관의 결과 몸이 더 뚱뚱해지거나 체지방이 늘어날 것이다. 그러다 보면 스스로 좌절하고 포기할 수도 있다. 그러니까 좋은 보상은 행동의 목표와 일치하는 보상이어야 한다.

조직에서도 이런 역행 보상이 종종 있다. 어떤 직원이 일을 잘한다. 그러면 회사에서는 그 직원을 칭찬한 다음에 더 많은 일을 준다 (아예 칭찬을 하지 않는 경우도 꽤 있다). 그 직원이 도저히 감당할 수 없을 때까지 이런 과정이 반복된다. 그러다가 그 직원이 너무 많은 일에 치여 실수를 하면 왜 못하냐고 비난한다. 그런 조직에서 일 잘하는 직원은 기회만 있으면 벗어나려 한다. 일을 잘하지 못해서 더 많은 일을 맡을 가능성이 없는 직원만 남게 된다.

2) 내적인 보상이 더 좋다

외부에서 주어지는 보상보다는 스스로 찾아내는 보상, 다시 말해서 내적인 보상이 더 좋다. 위의 예에서 제시한 보상인, 운동 후에 먹는

'맛있는 음식'이나 일을 잘해서 받는 '회사의 인정'은 외부에서 주어지는 보상이다.

보상이 끊기면 행동도 끊기는 게 외적 보상의 치명적인 단점

물론 외부에서 주어지는 보상이 반드시 나쁜 건 아니다. 심리학 교과서에서 말하는 보상들은 모두 외부에서 주어지는 것이다. 스키너 박사가 학습심리학 연구를 할 때 쥐나 비둘기에게 준 보상도 전부 먹이나 물 같은 외부에서 주어지는 보상이었다. 외적인 보상이 있어도 습관은 만들어진다.

그런데 외적 보상에는 치명적인 단점이 있다. 외적인 조건에 영향을 받는다는 것이다. 예를 들어 보상으로 맛있는 걸 스스로에게 주는 사람이 만약 맛있는 걸 먹을 수 없는 상황이 되면 말 그대로 보상이 끊기는 것이다. 앞서 '보상이 없으면 행동도 없다'고 이야기했다. 보상이 끊기면 그 보상에 의존하던 행동도 끊긴다. 그 행동이 공부였든, 운동이었든, 무엇이든 상관없다.

체육관에서 PT를 받는 경우를 생각해보시라. 트레이너와 함께 운동을 하면 안정된 자세를 배울 수도 있고, 운동 스케줄이나 식단을 구성하는 데도 도움을 받을 수 있다. 물론 트레이너가 주는 즉각적인 보상도 있다. 자세가 좋아졌다고 알아봐주기도 하고, 운동 하나를 마칠 때마다 잘했다고 격려도 해준다. 어떤 사람은 일정 기간 PT를 받은 후에 자기가 알아서 운동을 하는데, PT 없이 운동을 해야 하는 상황이 되면 아예 운동을 중단하는 사람들도 있다. 후자의 운동 습관은 트레이너와 체육관이라는 조건에 의존했던 것이다.

예전에 운동을 잘했는데 시간이 지날수록 그 운동을 하지 않게 된 사람들을 살펴보면 대부분 즐겼던 운동 종목이 친구들과 함께 하는 것인 경우가 많다. 축구나 농구, 탁구나 배드민턴처럼 여럿 혹은 최소한 한 명의 파트너가 필요한 운동들이다. 그런 운동을 즐기던 사람들은 함께할 사람이 없어지면 운동도 그만두게 되는 경우가 많다.

그 사람들에게 '운동의 보상'은 그 운동을 친구들과 함께 즐기는 순간이라고 할 수 있다. 친구들이 사라지니까 보상이 없어진 것이다. 젊은 시절에는 축구나 탁구 같은 구기운동을 잘하던 사람이 나이 들수록 공놀이를 함께할 파트너가 없어지니 운동을 그만두는 경우도 여기에 해당한다.

물론 테니스를 즐기는 노인들이 더 건강하다는 연구 결과처럼 나이 들어서도 다른 사람들과 함께 운동할 수 있으면 더욱 좋다. 그러나 혼자서 할 수 있는 운동 습관을 만들어두면 어떤 경우에도 운동을 계속할 수 있을 것이다.

내적 보상의 근본은
내적인 뿌듯함이다

스스로 찾아내는 보상이란 뭘까? 여러 가지가 있다. 성취감, 자기만
족, 그 외에 각종 취향의 만족 등등. 하지만 내적 보상의 근본은 결국
뿌듯함이다.

우리는 자신이 성실하게 살아가고 있음을 확인할 때 뿌듯해진다.
내가 남에게 필요한 존재이고 무언가 도움이 되고 있음을 느낄 때,
누군가에게 고마운 사람으로 기억될 때, 사랑을 하고 받을 때 뿌듯
해진다. 물론 어려운 일을 성취했을 때도 뿌듯해진다.

어쨌든 우리 삶은 뿌듯함을 채워가는 과정이다. 내면에 뿌듯함을
많이 채운 사람은 자신감이 있다. 누가 뭐래도 흔들리지 않는다. 자
기가 누구인지 누구보다도 잘 안다. 뿌듯함만큼 자신을 잘 정의해주
는 것이 없으니까.

내적인 보상은 바로 그런 것이다. 누구나 필요로 하는 것이고 살
아가기 위해서 반드시 얻어내야 하는 삶의 에너지다. 돈, 트로피, 지
위, 명예도 좋은 보상이다. 하지만 이런 외적 보상도 내적인 뿌듯함
으로 전환된 다음에야 우리 마음속에 들어온다.

대안을 생각하지 말고, 당연히 무조건 하자

일단 어떤 행동을 습관으로 만들기로 했다면, 그다음부터는 그 행동은 선택의 대상이 아니다. 당연히 무조건 해야 하는 것으로 받아들여라. '안 하기'를 포기하라.

무조건 아무 생각 없이 그냥 해야 한다

스포츠용품 브랜드 나이키의 표어는 '그냥 해^{Just do it}'다. 영화 〈탑건: 매버릭〉에서 주인공 매버릭(톰 크루즈 분)은 후배에게 몇 번이나 반복해서 말한다. "생각하지 마. 그냥 해.^{Don't think. Just do.}" 이 문장은 습관의 핵심 진리다.

앞서 습관의 장점이 의지력을 필요로 하지 않고, 복잡하게 생각하거나 판단할 필요도 없고, 아무 생각 없이 자동적으로 하기 때문이라고 말씀드렸다. 그런데 어떤 행동을 하기 전에 이리 재고 저리 잰다면 바로 이 장점을 날려버리는 것이다. 그러니까 일단 어떤 작은 행동을 습관의 목표 행동으로 정했고 그 행동을 하는 규칙까지 정했다면, 그다음부터는 무조건 아무 생각 없이 그냥 해야 한다.

예를 들어 교통법규를 지키는 운전 습관을 만드는 비결은 그냥 하는 것이다. 가끔 지방 도시에서 심야에 운전하다 보면 주변에 차도 사람도 없고, 교차로도 아닌데 적색 신호등 앞에서 정지해야 하는 상황이 있다. 지금이라면 신호등을 무시하고 그냥 갈 수도 있지 않을까 싶은 생각이 든다. 그때부터 고민이 시작되고 머릿속이 복잡해진다. 그러면 안 된다. 그런 상황에서 고민을 한다면 교통법규를 지키는 행동이 습관으로 이어질 수 없다.

어떤 행동을 습관으로 만들고 싶다면 그것을 선택의 문제로 생각하지 마시라. 어떤 조건에서든, 어떤 경우든, 그 행동은 그냥 해야 하는 것으로 받아들여야 한다.

나는 계단을 오르는 것에 대해 아무 생각이 없다

내가 가진 몇 안 되는 쓸 만한 습관 중 하나는 계단을 이용하는 습관이다. '계단 오르기'가 도시에서 가장 쉽게 할 수 있는 운동이고, 심지어 아주 미약하지만 에너지까지 절약할 수 있는 행동이라는 사실을 모르는 이는 아마 없을 것이다. 실제로 계단을 올라보면 시간도 별로 많이 걸리지 않는다. 웬만한 높이의 층은 5분 이내에 오른다. 붐비는 시간대에는 엘리베이터와 비슷하게 도착하기도 한다.

'계단 이용하기'는 이렇듯 좋은 운동이지만 실천하는 사람이 많지 않다. 이유는 간단하다. '계단을 오를까, 엘리베이터를 탈까'를 선택의 문제로 보기 때문이다. 이 선택이라는 단계를 거치자면 머리가 복잡해진다. 올라가는 데 소모되는 시간, 계단을 이용할 때 얻을 수 있는 아주 사소한 이득, 남들이 이런 나를 보고 뭐라고 생각할지 등등 많은 것들이 떠오른다.

이걸 정리하고 마침내 계단을 선택한 뒤에도 생각은 계속된다. 과연 이 운동 같지도 않은 운동이 나에게 얼마나 효과가 있을까? 이러다 무릎 나가는 것 아닌가? 차라리 체육관에 가는 게 낫지 않나? 이렇게 계단을 오르는 그 짧은 시간 동안 온갖 생각을 하고 나면 몸과 마음이 함께 피곤해진다. 심지어 오늘은 계단도 이용했으니 뭔가 더 달달한 걸 먹어도 될 것 같은 유혹까지 느낀다. 의지력을 소모했기 때문이다. 4~5층을 이런 마음으로 올라가고 나면, 한 번에 10층 정도를 오르는 건 에베레스트산 등정처럼 엄청난 결단으로 여겨진다.

결국 계단 오르기를 시도했다가 포기하는 사람들은 게을러서 그런 게 아니다. 이 일을 너무 복잡하게 생각하다 보니 그게 너무 대단한 일처럼 느껴져서 손을 떼는 것이다.

그렇게 나보다 현명하고 성실한 많은 이들이 계단 대신 엘리베이터로 올라가는 동안, 의지박약에 인내심도 처참하게 빈약한 나는 계단을 이용한다. 내 비결은 이걸 선택의 문제로 생각하지 않는 데 있다.

간단히 말하자면, 나는 계단을 오르는 것에 대해 아무 생각이 없다. 왜냐하면 내 세상에서는 올라가기 위해 탈 수 있는 엘리베이터가 존재하지 않기 때문이다. 나는 진작에 엘리베이터는 오직 내려갈 때만 타는 것으로 정의했다. 이런 세상에 익숙해지고 나면 아무 생각 없이 계단으로 갈 수 있다.

아무리 피곤해도 계단으로 간다. 혼자 있을 때는 짐을 들고 있어도 당연히 계단으로 이동한다. 바쁘고 시간이 부족하면 계단을 더 빨리 올라간다. 이렇게 외부적인 조건이 바뀔 때마다 엘리베이터를 이용할 생각을 하는 것이 아니라 '이번 계단 오르기는 약간 새롭겠구나'라고 살짝 기대하면서 계단으로 향한다.

물론 낯선 건물에서 비상구를 찾을 수 없다든지 혹은 누군가와 함께 이동해야 한다는 등의 이유로 엘리베이터를 이용할 때도 있다. 그때는 내가 사는 세상에서 잠깐 벗어난 것으로 여긴다. 이렇게 선택이라는 단계를 건너뛰니까 머리가 복잡할 일도 없다. 계단을 오르면서 허벅지의 에너지는 사용하지만 의지력이라는 에너지는 사용하지 않는 것이다.

물론 그렇게 계단으로 출근한 내가 연구실에 앉아서는 딴짓을 하며 시간을 낭비하는 동안, 계단 오르기 습관이 없을 뿐인 다른 동료들은 의자에 앉자마자 시스템에 접속해서 메일을 확인하고 중요한 안건들을 처리하기 시작한다. 이 성실한 루틴을 지속하는 것 역시 특별한 의지력이나 노력을 요구하지 않을 것이다. 내가 아무 생각 없이 계단을 오르듯 그들은 아무 생각 없이 평소 일과를 시작할 뿐이다. 즉 그들에겐 나에겐 없는 '중요한 일을 먼저 하는 습관'이 있기 때문이다.

5장

어른이들을 위한
멘탈 습관

한국인들은 불행하다. 유엔의 세계행복보고서World happiness

report라는 자료에 따르면 한국인들의 평균 행복지수가 10점

만점에 5.9점인데 이 점수는 조사 대상인 137개국 중에서 57위다. 늘 1위

인 핀란드야 그렇다 치고, 우리나라보다 국민소득이 낮은 대만도 27위이

고, 우즈베키스탄도 54위였다. 이런 결과들이 알려주듯, 우리나라 사람들

이 불행한 이유는 물질적인 지표 때문은 아니다.

그렇다면 우리는 왜 행복하지 못할까? 예전보다 훨씬 잘살게 되었고, 살

기도 안전하고, 공공서비스도 좋은 나라에서 왜들 이렇게 힘들게 살까?

이유는 다들 아실 것이다. 스스로를 불행하게 만들고 심지어 남들까지

불행하게 만드는 태도와 생각 때문이다. '비교하는 습관'에서 이야기한

것처럼 어떤 멘탈 습관은 자기 자신만 갉아먹는 것이 아니라 타인의 행

복도 용납 못 하게 만든다.

내가 주변 사람들로부터 받는 오해 중 하나는 '멘탈이 엄청나게 강한 사람'이라는 것이다. 실상 내 멘탈은 설탕유리 수준이다. 아마 살짝만 건드려도 금이 가고, 조금만 힘을 주면 파삭 부스러지고 말 것이 분명하다. 그럼에도 그런 오해를 받는 이유는 주의력이 낮은 내 정신 상태도 한몫을 할 것이다. 늘 딴 생각을 하니 상처를 입어도 시간이 지난 뒤에야 타격을 받곤 한다, 하지만 다른 이유는 멘탈 자체가 아니라 내가 경험을 받아들이고 처리하는 습관에 있는 것 같다. 어떻게 보자면 크게 성공하지 못했으나 그렇다고 큰 고난도 별로 겪지 않은 내 삶 자체가 내 멘탈 습관의 결과물인지도 모르겠다.

그래서 여기서는 내가 살아가면서 내 멘탈을 보호하는 데 도움이 되었던 몇 가지 태도를 이야기하고자 한다. 한국처럼 멘탈 환경이 험악한 곳에서 내가 이야기하는 것들이 정신 건강을 유지하는 방법의 전부는 아닐 것이다. 하지만 약간의 힌트는 되지 않을까 싶다.

내 안의 열등감을
환영하자

열등감은 강한 멘탈의 원료다. 열등감과 부족함을 경험하고 이를 스스로의 힘으로 극복할 때, 진정한 자신감이 만들어진다.

열등감이야말로
개인을 성장하게 만드는 에너지원

고등학교 2학년 때까지 내 학업성적은 반 학생 60명 중에서 대략 10~15등 사이였다. 특별한 고등학교도 아니었다. 서울 관악구에 막 설립된 공립고등학교였다.

고등학교 1학년 때의 나는 그냥 공부를 안 하고 숙제조차 제때 내지 않아 벌을 받곤 하는 게으른 학생이었다. 그러는 내 마음속도 편치 않았다. 걱정도 되었다. 그러나 불안할수록 더 미루고 도피하고 싶었다. 그러다 2학년이 되면서 남들이 하니까 덩달아 입시 공부를 시작했다. 당시엔 과외가 금지되어 있어서 문제집을 푸는 게 전부였지만 열심히 했다. 학교에서 시키는 야간자율학습 시간을 공부로 꽉 채우고 별을 보며 집에 가는 길이 왠지 뿌듯했다.

그래도 성과는 잘 드러나지 않았다. 학교에서 치르는 월말고사나 기말고사(지금의 수행평가) 성적은 조금 향상되는 듯했으나 큰 차이는 없었다. 진짜 성과는 모의고사부터였다.

처음 치른 전국 모의고사에서 내가 전교 10등 안에 드는 성적을 낸 것이다. 그 이후 성적은 비슷하게 유지되었다. 그 결과 비록 내신 성적 등급은 3등급이었어도 학력고사 성적만으로 꽤 괜찮은 대학에 장학생으로 입학할 수 있었다.

그 시절의 경험은 내게 막연한 자신감을 심어주었다. 나는 적어도 공부라는 영역에서는 노력하면 효과를 보는 사람이라는 믿음이 생겼다. 내게 이 믿음만큼 확실한 것은 없었다. 내가 직접 체험을 통해서 얻은 것이기 때문이다. 그 믿음이 나를 꾸역꾸역 여기까지 오게 만들었다. 내가 연구를 잘하는 것도 아니면서 계속 연구 분야에서 일을 하는 이유는 이 세상에서 그나마 내가 가장 자신 있는 영역이 이 일이기 때문이다.

알프레트 아들러^{Alfred Adler}는 열등감의 심리학자다. 그는 어른이 될 때까지 형과 비교당하면서 컸다. 아들러는 어릴 적에 병을 앓아서 키도 작았고 운동도 잘 못했는데 형은 키도 크고 잘생겼었다. 그는 이렇게 형과 비교당하며 느끼던 열등감을 극복하기 위해서 엄청나게 노력했다. 의학공부를 열심히 해서 신경과 의사가 되었고, 나중에는 정신의학 전문의가 되었고, 프로이트의 정신분석학에서 벗어나 자기만의 심리학파인 개인심리학Individual Psychology을 창시했다.

개인심리학의 핵심 주제는 당연히 열등감이다. 아들러는 열등감이야말로 개인을 성장하게 만드는 에너지원이라고 보았다. 그런 생각의 근거가 본인의 경험만은 아니었다. 그는 어쩌다가 서커스단의 곡예사들을 치료해주면서 그 사람들의 과거사를 듣게 되었는데, 그 사람들이 어릴 적에는 대부분 신체적인 열등감을 경험했다는 사실을 발견했다.

그러니까 자신이 남들보다 못하다고 생각하던 분야의 능력을 키우다 보니 지금은 그 누구보다도 몸을 잘 쓰는 곡예사가 되어 있었던 것이다.

'노력'이라는 출구가 있는 열등감은 우리에게 방향을 알려준다

답이 없는 열등감, 예를 들어 왜 나는 연예인처럼 멋진 외모를 가지고 있지 않은지, 왜 나는 금수저 집에서 태어나지 않았는지, 왜 나는 누구처럼 머리가 좋지 않은지, 왜 나에게는 누구처럼 뛰어난 재능이 없는지 등등을 가지고 열등감을 느낄 때 우리가 얻는 것은 좌절감이

나 방향을 잃은 분노뿐이다.

그러나 '노력'이라는 출구가 있는 열등감은 우리에게 방향을 알려준다. 그리고 그렇게 투입한 노력으로 열등감을 조금씩 극복할 때마다 우리 마음속에는 자신감이 축적된다. 이렇게 쌓아 올린 자신감은 힘든 세상에서 나를 지탱해주는 평생의 자산이 된다.

모든 시험에서 전교 1등을 하는 학생 A와 반에서 30등을 하다가 꾸역꾸역 성적을 향상시켜서 전교 5~6등쯤 하게 된 학생 B가 있다고 치자. 둘 중 누가 더 강한 멘탈을 가지고 있을까?

확실한 점은 B는 자기 성적이 반에서 10등쯤으로 떨어져도 큰 타격을 받지 않으리라는 것이다. 내가 그랬던 것처럼 B에게는 다시 공부하면 또 올라갈 수 있다는 단단한 확신이 있을 것이다. 반면에 만약 A가 전교 10등 밖으로 밀려나면 그는 엄청난 충격을 받을 것이다. 평생 그런 일은 경험해본 적이 없었을 테니 말이다. 그 충격으로 어쩌면 그는 학업을 포기하거나 심지어 생을 포기하려 들 수도 있다.

이 둘이 학교를 졸업한 뒤에 겪을 온갖 역경들을 생각해보라. 학교는 우리가 평생 만날 세상 중에서 가장 순진한 곳이다. 세상은 학교에 비해 훨씬 더 험하다. 그 곳에서 누가 더 잘 버틸까? 만약 돈을 걸어야 한다면 나는 B에게 걸 것이다.

열등감 중에서
당신이 극복할 만한 것들을 찾아내자

요즘 우리나라에서 자존감은 중요한 이슈다. 경쟁이 심해지면서 그 경쟁에서 밀려나 자존감에 상처를 입는 사람이 많아서일 것이다. 그런데 내 자존감 혹은 내 자식의 자존감을 지켜보겠다며 타인의 자존감을 짓밟는 일도 종종 벌어진다. 안타까운 일이다. 자존감은 그런 식으로 지킬 수 없기 때문이다.

인간이 성장하려면 잘못했을 때 벌을 받으며 그 잘못을 깨달아야 한다. 남들보다 내가 못하다는 사실을 깨달으며 열등감도 경험해야 한다. 현실을 깨닫고 이를 받아들인 다음에야 거기서 더 성장할 수 있다.

강한 멘탈은 결함이 없는 삶에서 나오는 것이 아니다. 무조건 멘탈이 강하기만 해서도 안 된다. 잘못은 인정하고 현실에 맞추어 변화할 수 있는 타당한 멘탈이 더 중요하다. 열등감과 부족함을 경험하고 이를 스스로의 힘으로 극복해본 경험이 타당하고 견고한 멘탈의 원천이다.

평생 열등감을 겪어본 적 없는 사람은 그것을 극복할 수 있다는 자신감을 키울 기회가 없다. 그러니까 열등감은 멘탈 건강의 기반이고, 성장의 에너지원이다. 물론 열등감이 자산이 되려면 그것을 극복해본 경험이 덧붙여져야 한다.

그러니 열등감을 기피하지 말고 그 열등감 중에서 당신이 극복할
만한 것들을 찾아내시라. 그리고 그놈만 집요하게 공격하시라. 당신
의 살길은 그곳에 있다.

실수와 실패를
좋은 기회로 여기자

실수와 실패를 통해 배울 점을 찾고 노력의 기회로 여긴 사람들이 성장하는 동안, 실패를 무능의 증거로 여기고 좌절하거나 부정하는 사람들은 제자리에 멈추고 만다.

실패가 좋은 기회라니 무슨 말인가

정도의 차이가 있을 뿐 모든 실패는 끔찍한 경험이다. 특히 남들이 보는 앞에서 실패하는 일은 정말 피하고 싶은 경험이다. 실패 앞에서 우리는 주변의 기대나 예상을 배신한 것에 대한 미안함, 스스로에 대한 기대를 만족시키지 못한 실망감, 실패한 자신에 대한 분노, 실패의 원인을 제공했다고 생각되는 타인이나 상황에 대한 원망까지 온갖 감정을 겪는다.

더구나 대개의 실패는 엎질러진 물처럼 돌이킬 수 없다. 특히 한국은 실패한 사람에게 두 번째 기회를 잘 주지 않는다. 재기할 수 있는 것도 특별한 자에게나 주어지는 행운이다. 그런데 실패가 좋은 기회라니 무슨 말인가.

현재 심리학계에서 가장 각광받는 학자 중 한 명인 미국 컬럼비아대학교 심리학과의 캐럴 드웩C. Dweck 교수는 마음가짐, 즉 마인드셋Mindset 개념의 창안자이기도 하다. 그녀에 따르면 마인드셋은 고착 마인드셋과 성장 마인드셋으로 나뉜다. 그리고 실패를 대하는 방법과 그 실패를 통해 무엇을 얻느냐는 그 사람이 어떤 마인드셋을 가지고 있느냐에 따라 180도 달라진다.

실패를 대하는 방법의 차이, 고착 마인드셋과 성장 마인드셋

고착 마인드셋을 가진 사람들은 이 세상 사람들의 재능이나 가치가 애초에 정해져 있다고 믿는다. 천재는 날 때부터 천재고, 바보는 무슨 수를 쓰더라도 바보다. 그러니까 우리가 지금 하는 모든 것들은 자신이 이미 가지고 있는 잠재력의 결과물일 뿐이다.

예를 들어 성공이나 합격은 자신의 재능을 증명한 것이다. 반면에 그와 같은 재능이나 배경이 없다면 아무리 노력을 해도 결코 성공할 수 없다. 가끔은 우연히 혹은 운이 좋아서 성공한 것처럼 보일 수 있지만 결국에는 그 바닥이 드러나게 되어 있는 것이다.

이런 고착 마인드셋을 가진 사람들은 작은 실패도 무능함의 증거로 여긴다. 노력의 효과가 빨리 나타나지 않으면 자신은 그 분야에 재능이 없다고 결론 내리고 포기한다.

이런 태도의 가장 큰 문제는 자기가 실패한 분야의 일이나 그 실패를 알고 있는 사람들까지 기피한다는 점이다. 결국 이런 과정이 반복될수록 그 사람은 자신의 가능성뿐만 아니라 인간관계까지 계속 축소하게 된다.

반면에 성장 마인드셋은 세상 모든 존재는 앞으로 어떻게 하느냐에 달려 있다고 본다. 천재와 바보는 정해진 것이 아니고, 중요한 구분도 아니다. 타고난 재능도 중요하지만 그 재능에 불을 붙이는 것은 노력이기 때문에 얼마나 노력하느냐가 더 중요한 가치라고 믿는다. 이들에겐 어제의 나보다 오늘의 내가 얼마나 더 발전했는지를 스스로 비교하는 것이, 지금 현재 누가 더 잘하느냐를 비교하는 것보다 더 의미 있다.

이런 마음가짐에서는 지금 저지른 실수는 속이 쓰리긴 하지만 앞으로 고쳐나가면 되는 일이다. 당연히 실수를 할수록 더 열심히 노력하고, 결과적으로 역경을 극복해낸 사람이 된다. 또한 이들은 몇 번의 실수로 자신을 단정 짓지 않듯이 지금 보여주는 능력을 가지고 남들을 차별하지도 않는다.

질 수도 있지, 틀릴 때도 많지,
난 잘나지도 않았는데
대단할 것도 없지,
그러면 어때?

자존감은 방어하려 할수록 더 약해진다.
패배와 열등감을 받아들일수록 우리 멘탈은 더 강해진다.

이 세상에 태어날 때부터
완벽한 인간은 없다

스팽스**SPANX**라는 의류 브랜드의 창립자 사라 블레이클리**S. Blakely**는 20대부터 의류사업을 시작했다. 물론 그녀는 부잣집 딸이다. 하지만 그녀는 돈만이 아니라 귀한 삶의 자세를 하나 물려받은 듯하다. 그녀의 아버지는 학교에서 돌아온 그녀에게 항상 "오늘은 어떤 실패를 했니?"라는 질문을 했다. 그녀가 실패한 것이 없다고 답하면 아쉬워했고, 뭔가 시도했다가 실패했다는 이야기를 들으면 진심으로 반가워하며 그 실패담을 흥미롭게 들어주었다. 그 대화의 결론은 언제나 아무것도 안 한 것보다 실패하는 게 훨씬 낫다는 칭찬과 격려였다.

우리가 그녀 같은 부자가 되기는 어렵겠지만 이 태도를 내 것으로 만들 기회는 늘 생긴다. 우리가 뭔가 노력하고 시도하는 한 실수도 계속 저지르고, 실패도 할 것이기 때문이다. 작은 시도일수록 실패의 크기도 작다. 작은 실패를 겪어보면 그 결과의 무게를 헤아릴 수 있게 된다.

어떤 실패는 실제로 치명적이다. 하지만 의외로 많은 실수나 실패가 별 타격 없이 지나간다. 주변 사람들도 내 실패를 언급하지 않는다. 왜냐하면 다들 자기가 겪은 실패를 감당하며 사는 것만으로도 충분히 바쁘기 때문이다. 그 사람들에게 중요한 것은 자신이 겪은 실패지, 당신의 실패가 아니다. 실수와 실패는 최소한 당신이 노력하고 시도했다는 증거다.

사실 우리 사회에서 실패를 가까이하려는 성장 마인드셋을 가지기는 갈수록 어려워진다. 경쟁이 심해짐에 따라 능력이나 학력에 따른 차별이 뚜렷해지기 때문이다. 미디어에서는 신이 내린 재능, 엄친아 등등 타고난 재능이나 특성을 칭송하는 분위기가 가득하다.

반 전체 시험점수 평균이 80점을 넘는 일이 많아지면서, 시험에서 실수 몇 번 저지른 것이 그 사람의 평생을 결정지을 수도 있다는 강박감은 단순한 상상이 아니라 거의 현실로 다가오고 있다. 하지만 그럴수록 실패와 실수를 받아들이는 마인드셋은 중요하다.

이 세상에 태어날 때부터 완벽한 인간은 없다. 실수와 실패를 통해 배울 점을 찾고 노력의 기회로 여긴 사람들이 성장하는 동안, 실패를 무능의 증거로 여기고 좌절하거나 부정하는 사람들은 제자리에 멈추어 있을 뿐이다.

건강한 비교를
해야 한다

끊임없이 비교당하며 성장한 한국 사람들은 언제나 내가 아닌 남이 되려고 한다. 그러나 자아를 잃어버리지 않고 성장의 계기로 만들어주는 비교도 있다.

어제의 나보다 오늘의 내가 나아졌다면
지금 나는 잘 살고 있는 것이다

앞서 비교하는 습관이 나쁜 습관이고, 멘탈 건강을 해치는 최악의 독극물이라고 했다. 그러나 모든 비교가 나쁜 것은 아니다. 성장에 도움이 되는 비교도 있다.

예를 들어 남과 나의 현재 모습을 한두 번 비교하는 것은 현재 내 위치를 아는 데 도움이 된다. 그러나 이런 현재 모습을 습관적으로 비교하다 보면 나의 주관을 잃어버리기 쉽다. 특히 그 현재 모습의 비교 결과를 가지고 상대와 나의 가치를 평가한다면 앞서 말한 비교의 함정에 빠질 수밖에 없다. 그러나 현재의 나와 과거의 나를 비교하는 것은 거의 언제나 나에게 도움이 된다. 어떤 습관을 만들기로 했다면 당연히 우리는 어떤 변화를 기대한다. 그 변화의 기준을 정할 때 지켜야 할 원칙은 남이 아니라 나를 기준으로 해야 한다는 것이다.

남과 비교하는 대신 과거의 자신과 비교하자

좋은 변화는 내 주변에 보이는 어떤 사람처럼 되는 것이 아니고 '어제의 나보다 아주 조금 나아지는 것'이다. 내가 이렇게 말하는 이유는 우리는 평범한 사람이기 때문이다.

내가 아무리 운동 습관을 만들어서 매일 턱걸이를 해도 국가대표 체조선수의 철봉 동작을 할 수는 없을 것이다. 아무리 수영 연습을 해도 박태환 선수처럼 멋지게 수영하지는 못할 것이고, 아무리 노래 연습을 해도 브루노 마스처럼 멋지게 부를 수는 없다. 내가 지금보다 더 성실한 글쟁이가 되어 몇 년을 노력해도 해리스 교수나 하라리 교수처럼 훌륭한 글을 쓸 수는 없을 것이다.

나는 내가 부러워하는 다른 누군가처럼 될 수는 없지만 작년의 나보다 조금 나아질 수는 있다. 남과 비교하는 대신 과거의 자신과 비교하시라. 그렇다면 비교의 함정에 빠질 일이 없다. 어제의 나보다 오늘의 내가 조금이라도 나아진다면 되는 것이다.

물론 하루 이틀 사이에 눈에 띄는 향상은 없을 것이다. 하지만 노력의 시간은 비교할 수 있다. 어제 한 시간을 노력하고 오늘 다시 한 시간을 노력했다면, 오늘의 나는 어제보다 하루 더 포기하지 않고 노력한 사람이 되어 있는 것이다. 이렇게 축적한 노력은 우연한 기회에 티가 나게 되어 있다. 마치 내가 몇 개월간 쌓아 올린 야간자율학습의 성과가 뒤늦게 모의고사를 통해서 드러난 것처럼 말이다.

사실 이런 말은 직접 경험해보지 않고서는 아무 의미가 없다. 내가 실제 열등감을 느끼고, 탈출구로 노력할 길을 찾아내고, 실제로 노력했는데 정말로 예전보다 나아지는 경험을 해봐야 알 수 있다. 조금이라도 노력을 해본 사람이라면 그게 뭔지 안다. 지난달의 나보다 이번 달의 내가 그 근원적 갈망에 더 가까워졌다면, 어제의 나보다 오늘 내가 조금이라도 더 나아진 것이다. 그렇다면 지금 나는 잘 살고 있는 것이다.

노력으로 남과 비교하는 것은 제로섬 게임이 아닌 원윈 게임이다

누가 더 성실한지를 비교하는 것도 도움이 되는 비교다. 앞서 드웩 교수의 마인드셋에서 말한 것과 같이 성장 마인드셋은 노력의 수준으로 남과 나를 비교한다. 누군가 노력했다면 그 결과나 성과와는 상관없이 그 노력은 존중받을 자격이 있다고 보는 것이다.

이렇게 노력으로 비교하면 남의 가치를 깎아내릴 필요가 없다. 노력으로 비교할 때는 제로섬$^{Zero-Sum}$ 게임이 아니라 윈윈$^{Win-Win}$ 게임이기 때문이다. 노력은 누구나 할 수 있는 것이고, 남이 노력을 많이 한다고 해서 내가 노력할 기회를 빼앗기는 것도 아니다.

남이 가진 좋은 습관을 찾기 위한 비교도 좋은 비교다. 내 주변에는 나보다 더 좋은 습관을 가진 사람들이 많다. 여기에 쓴 좋은 습관들 대부분은 내가 아닌 그들의 모습에서 발견한 것들이다.

좋은 연구 결과를 만들어내는 동료들은 모두 일찍 출근해서 주어진 일을 하나씩 차근차근 해내는 습관을 가지고 있다. 그들이 연초에 세운 계획에 맞추어 동료들과 협동해가며 매일 꾸준히 작은 성과를 쌓아 올리면 저절로 마감일 전에 충실한 연구 결과가 만들어진다. 덕분에 나 같은 미루는 습관 중독자가 매일 급한 불을 끄느라 허둥대는 동안, 이들은 여유 있고 차분한 일상을 지속하면서도 좋은 성과를 얻는다.

주변을 둘러보시라. 분명히 당신이 배울 만한 습관을 가진 사람이 있을 것이다. 물론 어떤 습관이 당신의 눈에 들어오는지는 결국 당신의 소망, 즉 갈망에 달려 있다. 진심으로 어떤 사람이 되고 싶은지, 남에게 어떤 모습을 보여주고 싶은지, 혹은 무엇을 가지고 싶은지를 알아야 한다. 그중에서 내가 노력을 통해서 향상시키거나 달성할 수 있는 목표를 찾으시라.

내가 설정한 목표에 얼마나 가까이 다가갔는지를 기준으로 보았을 때 높이 평가되는 사람에게서 느끼는 열등감은 좋은 열등감이다. 이런 열등감은 박탈감이나 질투로 이어지지 않고 성장 욕구로 이어지며, 내가 어디서부터 시작해야 하는지를 알려주는 지표다.

이렇게 노력의 목표를 정한 다음에는 더 이상 남과 비교하지 않는 것이 좋다. 세상은 불공평해서 같은 노력을 해도 누군가는 더 많이 성장하고 누군가는 덜 성장하기 마련이다. 그러니 노력의 성과를 타인과 비교하다 보면 누군가는 오만해지고 누군가는 좌절하게 된다.

평가의 기준을 이상적인 남에게 맞추면 좌절하고 불행해진다

그 외의 비교는 굳이 할 필요가 없다. 가만히 있어도 남들이 수고스럽게 우리를 어딘가와 비교하고 평가할 것이다. 그렇게 살게 내버려 두시라. 그것에 대해서 우리가 할 수 있는 일은 없다. 그저 당신에게 중요한 건 지금 여기 당신의 삶이라는 것만 기억하시라. 남들의 삶은 그들 각자의 몫이다.

아들러는 상대를 존중하되, 상대방도 나와 똑같은 결함이 있고 잘못을 저지르고 불성실하기도 한 보통 사람이라는 걸 잊지 말라고 했다. 저 사람이 착하고 정의로워서 존중받을 자격이 있다는 식의 생각은 또 다른 형태의 우열 관계다. 우리가 남을 존중해야 하는 이유는 그게 착한 일이어서가 아니라 그래야 나 스스로 나를 존중할 수 있기 때문이다.

이 세상에 존재하지 않는 그놈의 엄마 친구 아들, 혹은 엄마 친구 딸들에게 가스라이팅을 당하며 성장한 한국 사람들은 언제나 내가 아닌 남이 되려고 한다. 평가의 기준을 그 이상적인 남에게 맞춘다. 그러고는 좌절한다. 그건 적절한 목표가 아니다. 그런 기준으로 살면 보상을 받기도 어렵다.

지금의 나보다 조금 나아지는 것, 작년의 나보다 조금 나은 존재가 되는 것을 목표로 하시라. 그것만으로도 충분히 훌륭한 일이다. 그렇게 조금씩 나아지다 보면 어느 순간 정말로 그 뛰어나 보이던 남보다 더 나은 존재가 되어 있을지도 모른다.

혼자 있는 시간을
만들어야 한다

건강한 사회인이 되기 위해서는 혼자 지내는 시간이 필요하다. 혼자여도 두렵지 않을 때 우리는 타인과 진정으로 동등한 교류를 할 수 있다.

"나는 내 일을 하고 당신은 당신의 일을 한다. 나는 당신의 기대에 맞추려고 이 세상에 존재하는 것이 아니고, 당신도 내 기대에 맞추기 위해 이 세상에 있는 게 아니다. 당신은 당신이고, 나는 나다. 우연히 우리가 서로를 발견하고 이해한다면 그건 아름다운 일이다. 하지만 그렇지 않다면 그것도 어쩔 수 없는 일이다."

프레드릭 펄스^{F. S. Perls}라는 심리학자가 1969년에 발간한 『게슈탈트 요법의 기록^{Gestalt Therapy Verbatim}』에 나오는 문장이다. 이 글의 핵심은 '나는 나대로 살 것'이라는 선언이다. 나는 이 선언이 1960년대의 유럽인만큼이나 21세기의 한국인들에게 필요하다고 생각한다. 지금 우리에게 가장 결핍된 시간은 진정으로 혼자 있는 시간이다.

여기서 말하는 '혼자'는 눈앞에 남이 없는 상태가 아니다. 오프라인뿐만 아니라 온라인에서도 남들과 연결되지 않은 상태다. 다시 말해 소셜미디어는 물론이고 스마트폰이나 인터넷 자체가 눈에 보이지 않는 상태다.

혼자인 것에 대해 엄격하거나 예민한 한국인들

한국은 오래전부터 오지랖의 나라였다. 누가 혼자서 자기 마음대로 뭘 하는 걸 그냥 봐주지 못했다. 언제나 남들이 뭘 하는지 지켜보고 끼어들거나 혹은 참조한다.

혼밥에 대한 병적인 기피도 한국적 증상 중 하나다. 외국 도시들을 방문했을 때마다 신기했던 건, 점심시간에 길거리 벤치나 계단에 앉아서 혼자 샌드위치나 샐러드를 먹는 사람들이었다. 혼자 밥 먹는 사람은 아시아나 유럽, 미대륙의 어느 도시에서든 아주 쉽게 볼 수 있었다. 그들 모두의 사정이 비슷한 것 같지는 않았다. 한가함이나 여유가 느껴지는 사람도 있었고, 남이 내 속마음을 알아채지 못하기를 바라는 듯한 무뚝뚝한 표정 뒤에 고독함이 보이는 경우도 있었다. 어쨌거나 그들은 사무실을 벗어나 햇빛 가득한 길거리에서 혼자 보내는 짧은 점심시간을 아무에게도 방해받지 않기를 바라는 듯했다. 그리고 그곳에서는 아무도 그렇게 혼자 길거리에서 점심을 먹는 사람을 이상하게 여기지 않았다.

내가 대학생 시절에는 혼자 밥을 먹는 게 그렇게 대단한 일이 아니었다. 누군가 캠퍼스에서 혼자 지낸다고 해서 이상한 사람으로 낙인을 찍지도 않았다. 그런데 예전에 비해 요즘 오히려 혼자인 것에 대해서 예민한 사람들이 늘어난 것 같다. 신기한 일이다. 삶의 다양성으로 치자면 그때보다는 지금이 더 다양해야 마땅하다. 게다가 통계적으로도 혼자 사는 사람들의 비율은 이전에 비해서 더 늘었다. 그럼에도 혼자라는 것에 대해 지금이 더 엄격하거나 예민하다.

'중요한 타인'과의 교류를 통해 내가 생각하는 내가 중요해진다

물론 우리는 사회적 동물이다. 우리는 타인의 존재를 통해 나라는 존재를 깨닫는다. 남의 눈으로 자신을 볼 수 있게 되면서, 인간 고유의 '자의식'이 생겨나는 것이다. 그리고 자의식을 가지게 되면 무리의 일부로만 만족하지 못하게 된다. 그래서 '개인'이 되고자 하는 욕망이 생겨난다. 개인은 남들과 분리된 존재를 말한다. 어느 누구와도 같지 않은 존재, 자기만의 생각과 판단기준, 자기만의 취향과 적성을 가진 존재가 개인이다.

근대 사회에서 어른이 된다는 건, 개인이 된다는 뜻이다. 즉 나와 내가 아닌 것을 구분하고, 진정한 나라고 할 수 있는 확실한 무엇인가를 찾아내는 것이 어른이 되기 위한 기반이다. 외따로 떨어져서는 자아를 찾아낼 수 없다. 오히려 정반대다.

심리학자 해리 스택 설리번^{H. S. Sullivan}에 따르면, 우리는 처음에는 가족, 그다음에는 친구들과 관계를 키워가면서 개인성을 키워간다. 이때까지는 혼자인 것을 두려워한다. 무리에 섞이지 못하면 내 인생이 끝날 것처럼 느껴지기도 한다. 내가 속한 그룹의 친구들에게 인정받기 위해서 무슨 짓이든 하려 든다. 그들이 나를 어떻게 보는지가 그 어떤 것보다도 내게 가장 강력한 영향을 미치기 때문이다. 하지만 시간이 지날수록 주변의 모든 사람들이 아니라 그중에서 특별히 내게 중요한 사람이 생겨난다. 설리번은 이런 사람을 '중요한 타인^{significant others}'이라고 불렀다.

중요한 타인은 처음에는 부모나 형제겠지만, 나이가 들면서 멘토 같은 스승이나 선배, 이 세상에서 유일하게 내 속마음까지 이해해주는 절친, 사랑하는 내 연인 등으로 계속 바뀌어간다. 우리는 이 중요한 타인의 눈으로 자기 자신과 세상을 바라보게 된다. 이 과정은 타인의 세계를 내 안에 집어넣는 과정이고, 타인에 대한 이해의 깊이를 조금씩 넓혀가면서 한 인간으로 성숙해가는 과정이다.

이렇게 중요한 타인과의 교류를 통해 자아가 충분히 성장하고 나면, 이제는 자기만의 눈으로 자신을 볼 수 있게 된다. 그러면 더 이상

무리에 섞이지 못해서 안달할 필요가 없어진다. 남들이 나에 대해 뭐라고 하는지보다는, 내가 생각하는 내가 누구인지가 더 중요해진다. 친구들과의 끈끈하고 밀접한 관계를 통해서 우리는 친구가 없어도 잘 살 수 있는 사람으로 성장한 것이다.

남들 시선에 흔들리며 살기엔
한 번뿐인 인생이 너무 아깝지 않은가

앞서 말한 바와 같이 사회적 교류는 한 사회 구성원에게 필요한 상식이나 센스를 키우기 위해 필수적이다. 그러나 사회적 교류를 위해서는 먼저 내가 누구인지를 알아야 한다. 그리고 내가 누구인지, 내가 지금 어떤 상태인지, 내가 원하는 것이 뭔지를 깨닫기 위해서는 혼자 있는 시간이 반드시 필요하다.

'혼밥'도 '혼술'도 방해를 받고, 타인의 시선에 주눅이 들어 결국 그 귀한 시간을 충분히 즐기지 못한다. 아이러니는 이렇게 남을 지적하거나 간섭하는 사람들치고 자기 삶에 충실한 사람이 드물다는 사실이다.

내 삶을 열심히 사는 사람들은 남을 평가하거나 간섭할 이유도, 그런 일에 낭비할 시간도 없기 마련이다. 그러니까 혼자 있는 시간을 늘리다 보면 혼자인 남들에게 지적질할 필요를 느끼지 않는 삶에 조금 더 가까워진다.

자신의 삶에 최선을 다했다고 자신할 수 있고, 옳고 그름에 대한 기준이 뚜렷하다면, 내가 얼마나 잘 살고 있는지를 판단하기 위해서 타인에게 의존할 필요가 없다. 우리 인생은 단 한 번뿐이다. 남들 삶에 간섭하거나, 남들 시선에 흔들리며 살기엔 너무도 아깝지 않은가.

멘탈이 약한 사람들의 공통적인 특징은 혼자됨에 대한 두려움이 크다는 점이다. 우리 주변에는 남들이 봐주지 않으면 내가 살아가는 의미가 없다고 느끼는 사람들이 의외로 많다. 그런 마인드는 불행의 시작이 된다.

우리는 자기가 얼마나 잘 살고 있는지를 판단하기 위해서 타인에게 의존할 필요가 없다. 한 번뿐인 소중한 내 인생을 남들 시선에 흔들리며 살거나 반대로 타인의 삶에 간섭하며 써버리기엔 너무도 아깝지 않은가. 혼자인 것이 두렵지 않을수록 다른 사람을 대할 때 당당해진다. 그리고 우리가 당당할 때 다른 사람과 건강한 관계를 유지할 수 있다.

내 감정을
느껴보자

감정이 나를 통제하지 못하게 하는 방법은 내가 감정을 조절하는 것이다. 감정을 조절하려면 일단 내 감정을 알아야 한다.

감정을 이용하려면
감정을 알아야 한다

"이건 비즈니스야, 개인적인 감정은 없어.All business, nothing personal." 원래 영화 〈대부〉에서 주인공 마이클의 대사로 잘 알려진 문장이지만 최근에는 악당들이 주인공에게 나쁜 짓을 저지를 때, 혹은 뒤늦게 자신의 행동을 변명할 때 종종 하는 말이다. 이 대사에 가장 걸맞은 대답은 영화 〈테이큰〉의 리엄 니슨이 한 말이다. "나는 완전 개인적인 감정뿐이야.It was all personal to me."

우리를 움직이는 건 감정이다. 감정 없이 이루어지는 행동은 감정

가득한 행동에 밀려난다. 그런데 감정을 이용하려면 감정을 알아야 한다.

혼자 있을 때 할 수 있는 것은 여러 가지다. 운동을 하는 것도 좋고, 자신을 평온하게 만드는 대상이나 활동을 찾아내서 즐기는 것도 좋겠다. 하지만 그 전에 내 마음속 지금 현재 내가 느끼는 감정을 돌이켜볼 필요가 있다. 왜냐하면 내 감정을 알아야 지금 내 상태를 진단할 수 있고, 앞으로 무엇을 해야 할지도 진심으로 깨달을 수 있기 때문이다.

그래서 혼자 있을 때 일기를 쓰는 습관을 추천하곤 한다. 일기 쓰기를 통해 글쓰기 능력도 향상될 뿐만 아니라 자기감정을 돌이켜보기 때문이다.

내 감정을
읽어야 하는 이유들

다음은 내 감정을 읽어야 하는 이유들이다.

1) 이유 1: 내 감정을 잘 읽어야 내적 보상을 받을 수 있다

좋은 습관이 가져다주는 즉각적인 내적 보상은 잔잔하고 조용하게 찾아오는 뿌듯함이다. 이런 잔잔한 감정은 집중해서 느끼지 않으면

감정을 이해하는 것은 현재 내 상태를 깨닫고
변화해야 할 분명한 이유를 찾는 첫 단계다.

잘 모르고 지나가기 쉽다. 또한 나쁜 습관을 가진 분들이라면 평소 자기감정이 얼마나 안 좋은지를 잘 느끼고 있어야 한다. 그래야 좋은 습관을 통해서 그 안 좋은 상태에서 아주 조금씩이지만 좋아지고 있는지를 깨달을 수 있기 때문이다.

악취에 익숙해진 소비자들이 그 악취를 없애주어도 그걸 보상으로 느끼지 못하는 것처럼, 자기가 지금 얼마나 나쁜지를 정확히 알지 못하면 좋은 습관으로 상태가 좋아지더라도 뭐가 좋아졌는지 느낄 수 없으니 보상을 받지 못하는 것이다. 그러니까 자기감정을 읽는 습관은 그 자체로 좋은 습관의 토양이 된다.

2) 이유 2: 감정에 휘둘리지 않게 된다

모든 감정은 행동의 에너지원이다. 감정을 느끼면 행동을 한다. 그런데 자기감정을 모르는 사람은 온전히 그 감정에 의해서 움직인다. 예를 들어 화나지 않았다고 말하면서 화를 내는 사람은 정말로 그 화에 의해 휘둘린 것이다. 자기가 무엇 때문에 쾌감을 느끼는지 모르면 그 쾌감의 노예가 된다.

두려움도 마찬가지다. 어떤 두려움은 실체가 없다. 갑질은 갑이 을을 두려움으로 지배하는 행위다. 그 두려움은 대부분 법적·윤리적인 근거가 없다. 따라서 갑질 앞에서 두려움을 이해하면 최소한 감정적으로는 상대방의 지배를 받지 않게 된다. 자기감정을 모르면 감정에 의해 움직이고, 감정을 알면 그 감정을 조절하거나 활용할 수 있다.

3) 이유 3: 익숙해지면 다른 사람의 감정도 읽을 수 있게 된다

인류의 강점은 상대방의 마음을 읽을 수 있는 능력에 있다. 우리는 세 살 이후부터 남의 마음을 읽는 능력을 수련해왔다. 감정을 읽는 것은 마음 읽기의 첫 단계다. 상대가 기쁜지, 화났는지 아니면 그냥 흥분한 건지, 불편한지 아니면 편안한지 등을 느끼는 건 모든 대인관계에서 매우 중요하다.

연애를 하려고 해도, 직장생활을 잘하려고 해도, 친구들과 잘 지내거나 그저 남에게 친절을 베풀려고 할 때도 우선 상대의 감정을 알아야 한다. 이 감정읽기 기술은 우선 내 감정을 읽는 훈련에서 시작된다. 나를 잘 알아야 남을 알 수 있기 때문이다.

4) 이유 4: 감정을 알아야 나를 보호할 수 있다

자기감정을 느끼지 못하거나 잘 인식하지 못하는 사람은 아주 나쁜 상황에 있을 가능성이 높다. 부정적인 감정은 나쁜 상황에 있는 사람들이 느끼는 감정으로 지금 뭔가 잘못되고 있음을 알리는 경고 메시지다. 그런 감정을 느끼면 그 상황에서 벗어나야 한다.

그런데 만약 그 나쁜 상황에서 벗어날 수 없다면 어떨까? 나쁘다는 걸 알아봤자 아무 소용이 없으니 뇌가 아예 부정적인 감정이라는 경고메시지를 꺼버린다. 어차피 상황이 바뀌지 않을 거라면 부정적인 감정을 계속 느끼는 것 자체가 더 나쁘기 때문이다. 그래서 만성적으로 나쁜 상황에 처한 사람일수록 자신의 감정에 무뎌진다. 그리고 이렇게 되면 그 상황에서 벗어날 가능성이 더 낮아진다. 아예 벗어나려고 하지도 않기 때문에 그저 그 자리에서 서서히 상황에 잡아먹히는 것이다.

나의 근원적 갈망이 무엇인지를 알면 나를 이해할 수 있다

무엇보다 자신만의 시간을 보내면 자신이 무엇을 원하는지를 발견하게 된다. 그것이 당신을 움직이는 근원적인 갈망이다.

앞서 행동과 보상과 신호의 반복에 의해서 갈망이 생긴다고 했다. 하지만 어떤 갈망은 아주 오랫동안 우리 마음속에 심어져 있기도 하다. 반복하다 보면 생기는 갈망이 있는 반면, 처음에 그 반복을 시작하게 만드는 갈망도 있다.

이런 갈망은 우리 삶의 방향을 결정하기도 한다. 살면서 진정 마음 깊이 뿌듯한 순간이 있다면, 대개 그 순간은 내가 가진 어떤 근원적 갈망을 잠깐 채웠기 때문이다. 내 속에 숨은 갈망을 이해하는 건 매우 중요하다. 내적인 만족감은 갈망의 충족에서 오기 때문이다.

대개 갈망은 어떤 이미지와 연결되어 있다. 내 이야기를 하자면, 내가 운동을 하는 이유 중 하나는 턱걸이에 대한 갈망이다. 중고생 시절 나는 턱걸이를 아주 못하는 학생이었다. 고등학교 3학년 체력

측정에서 내 턱걸이 횟수는 몸을 이리저리 흔들어서 간신히 4개쯤이었다.

그런데 턱걸이에 대한 갈망은 도대체 어떻게 생긴 걸까? 중학교 1학년에 만난 친구 때문이다. 그는 소아마비를 앓아서 다리가 왜소하고 불편했다. 피부색도 눈에 띄게 검고, 머리는 곱슬이었다. 지금 생각해보면 흑인 혼혈이었던 것 같다. 그 친구는 자신의 특이한 외모와 작은 키, 약한 다리를 보상하기 위해서였는지 상체운동을 열심히 했다. 특히 철봉과 평행봉을 잘했다. 그렇게 단련한 자신의 멋진 상체를 자랑하려는 듯 기회만 있으면 웃옷을 벗곤 했다. 하루는 그 친구가 운동장 철봉에 매달리는 걸 보았다. 자기 어깨보다 넓게 철봉을 잡고 매달린 그 친구는 정말 가볍게 턱걸이를 했다. 그때도 그 친구는 웃옷을 벗은 상태였다.

햇빛을 받아 빛나는 검은 피부와 단단한 근육이 지금도 기억난다. 내가 지금까지 가지고 있는 턱걸이에 대한 이미지는 그때 만들어졌다. 그 이미지와 함께 '나도 저렇게 턱걸이를 하고 싶다'는 갈망이 내 마음속에 심어졌다.

내가 실제 턱걸이를 시작한 건 그로부터 거의 30년이 지난 뒤였다. 하지만 턱걸이를 한번 시작한 뒤에는 꾸준히 하게 되었다. 조금씩 중학교 1학년 때 심어진 그 턱걸이의 이미지를 실현하는 나를 보면서 뿌듯했기 때문이다. 내가 운동을 하는 이유는 더 깔끔한 턱걸이를 하기 위해서다. 이런 게 바로 근원적인 갈망이다. 로망 혹은 선망이라고 할 수도 있다.

이 근원적 갈망은 감동적인 순간을 경험하며 생겨난다. 그리고 내적인 보상과 직결되어 있다. 그걸 잘 건드리면 여러분은 다른 어떤 외적인 보상이 없이도 스스로 보상을 받으면서 계속 무언가를 하게 된다. 어떤 사람은 처음부터 근력 운동에 대한 갈망이 없다. 운동의 가치를 무시하거나 건강을 신경 쓰지 않아서가 아니다. 그냥 그 운동에 대한 끌림이 없기 때문이다.

여러분에게도 자신만의 갈망이 있다. 그 결과물은 다양하게 나타날 수 있다. 예를 들어 교수 혹은 시간강사를 하는 사람의 마음속에 어릴 적 보았던 무대에서 청중을 휘어잡는 가수 혹은 연설자처럼 되고자 하는 갈망이 있을 수도 있다. 반면에 어릴 적에 읽었던 동화책의 주인공처럼 누구도 해결하지 못한 문제를 멋지게 해결하는 천재성에 대한 갈망을 품고 있는 사람도 있을 것이다. 어떤 사람은 힘에 대한 갈망을 추구하다 격투기 선수가 되고, 다른 사람은 권력에 대한 갈망을 추구하다 정치가가 된다.

그게 무엇이든 상관없다. 무엇이라도 내가 가진 근원적 갈망이 무엇인지를 알면 나를 이해할 수 있고, 내게 필요한 습관이 무엇인지도 좀 더 명확히 깨닫게 된다.

나에 대한 기대는
작게 하자

기대가 크면 실망도 크다는 사실은 누구나 알고 있다. 그러면서도 우리는 자기 자신에 대해서만은 큰 기대를 하곤 한다. 그게 얼마나 큰 건지도 잘 모르면서.

우리는 모두 소중한 존재이지만
우리가 세상의 주인공은 아니다

어릴 적에는 누구나 자기가 상당히 중요하고 대단한 존재라고 생각한다. 영화나 만화를 보면서 언제나 자신을 주인공과 동일시한다. 예를 들면 〈드래곤볼〉을 볼 때 손오공의 입장에서 모든 일을 경험한다. 이 세상의 주인공이 나라고 믿던 시절이다.

어느 정도는 사실이다. 우리는 모두 이 우주에 단 하나뿐인 고유한 존재들이다. 누군가에게는 소중한 존재이며 반드시 필요한 사람이기도 할 것이다. 게다가 어릴 적에는 모든 것이 과대평가된다. 어린아이가 어른스러운 단어를 몇 개만 말해도 주변에서 천재라고 놀란다. 어설프게 노래 한 소절을 불러도 저 어린 나이에 벌써 그 정도를 한다며 칭찬을 해준다. 그러니 나 자신의 가치를 과대평가하기 쉽다. 그 시절 우리가 정말로 대단한 것이 아니라 어른들이 어린아이에게 큰 기대를 하지 않았기 때문이다.

어쨌든 당시 우리는 자존감이 매우 높았다. 그러나 나이가 들수록 우리가 그렇게 대단한 존재가 아니라는 사실을 깨닫게 된다. 겸손의 시작이지만 이 겸손도 상당히 느리게 찾아온다. 처음에는 〈드래곤볼〉 속에서 내가 손오공이 아니라 베지터 정도라고 물러선다. 시간이 지날수록 그 위치는 피콜로로, 다시 크리링이나 천진반으로 더 물러난다. 그러다 마침내 내가 그 어떤 주요 인물도 되지 못하고 그저 만화 속의 불운한 엑스트라 하나에 불과하다는 수준까지 떨어진다. 물론 사실을 과장한 생각일 것이다. 우리는 모두 소중한 존재다. 단지 나만큼이나 다른 사람들도 다 똑같이 소중하고 독특한 존재라는 사실을 깨닫게 되는 과정이다.

우리가 모두 소중하고 특별한 존재일지는 몰라도 우리가 세상의 주인공은 아니다. 따라서 우리에겐 주인공에게 주어지는 특별대우 같은 것은 없다. 그런데 많은 이들이 '나에게만은' 혹은 '내 아이에게만은' 특별한 결과가 주어져야 한다고 믿는다. 내가 더 절실하고 내가 시험공부에 투입한 시간과 노력이 남들보다 더 가치 있고 귀하기 때문에 시험에는 내가 합격해야 한다는 식으로 생각한다.

물론 내가 특별하다는 믿음이 필요한 경우도 있다. 그런 믿음이 과감한 시도를 할 용기를 불어넣어주기도 한다. 하지만 문제는 그 기대에 부합하지 못하는 결과를 얻었을 때다. 기대가 클수록 실망도 커진다. 기대가 너무 작아도 문제일 수 있지만, 지나치게 큰 기대를 했을 때 우리는 더 큰 타격을 입는다.

기대를 낮출수록
우리는 더 많은 성과를 발견할 수 있다

상대방이나 상황 혹은 자신의 노력에 따르는 결과에 대한 기대를 작게 하는 태도는 언제나 바람직하다. 심리학 박사 케이시 맥코이 K. McCoy에 따르면, 오랫동안 원만한 관계를 유지하는 부부의 비결 중 하나는 상대방에 대해 기대를 작게 하는 것이라고 말한다. 대인관계를 잘 유지하는 비결 역시 상대방에게 기대하기보다 내가 상대방에게 뭘 해줄 수 있는지에 집중하는 태도다. 기대를 낮출수록 우리는 더 많은 성과를 발견하고, 더 쉽게 만족할 수 있다.

운동하는 습관을 생각해보자. 일주일간 매일 계단으로 10층까지 올라간다고 해서 근력이 크게 성장할까? 10km 달리기를 3일간 계속하면 폐활량이 늘고 허벅지가 탄탄해질까? 짧은 시간에 많은 운동을 하면 근육통은 더 커질 것이다. 부상을 입을 가능성도 높아진다. 하지만 우리가 기대하는 운동능력의 향상이나 외형의 변화는 거의 없을 것이다. 그런 결과는 한참 뒤에나 찾아온다. 그 변화조차도 엄청난 것이 아니라 그저 우리의 현재 수준에 비해 조금 나아지는 정도일 것이다.

타인에게 친절하게 대하는 습관을 생각해보자. 내가 어느 날 갑자기 남들에게 조금 더 친절해졌다고 해서 나에 대한 사람들의 태도가 바뀌지는 않는다. 혼자 있는 시간을 조금 늘린다고 해서 하루 이틀 만에 내 마음속의 소리가 더 명확하게 들려오지도 않는다. 특히나 작게 시작하는 습관들은 그 결과 역시도 작기 마련이다. 큰 결과를 기대했다면 실망하기 마련이다.

실망은 그것으로 끝나지 않는다. 실망하면 보상을 발견하지 못하게 된다. 앞서 습관을 위해서는 보상이 반드시 필요하며, 보상을 못 받는 행동은 사라진다고 설명했다. 다시 말해서 어떤 행동에 대해 너무 큰 보상을 기대하면 그 행동이 습관으로 자리 잡을 가능성이 줄어든다. 따라서 기대의 수준을 낮추어야 한다.

하루 동안 한 공부에 대해서는 그에 걸맞은 보상을 기대해야 한다. 하루 열심히 공부한다고 해서 큰 변화가 일어나지는 않는다. 물론 계속 꾸준히 공부하다 보면 가끔은 거의 도약에 가까운 깨달음을 얻는 순간이 올 수 있다. 그러나 언제나 향상은 아주 느리게, 눈에 띄지 않는 수준으로 일어난다. 매일매일 나에게 일어나는 아주 작은 향상을 느끼고, 거기에 만족하는 법을 배워야 한다. 그 만족감이 내

일의 노력을 기대하게 만들어주고, 그 기대와 갈망이 습관을 유지하게 해준다.

우리는 세상의 주인공이 아니다. 하지만 나만의 이야기를 만들면 그 속에서 내가 주인공이 된다. 세상에 적응하는 과정에서 어쩌다가 습득한 습관들은 내 주변 환경의 작품이지, 내가 만든 이야기가 아니다.

이렇게 주어진 이야기대로 살면 결국 엑스트라의 삶을 살 수밖에 없다. 그러나 내가 가진 습관들을 돌이켜보고 그중에서 어떤 습관을 골라 그것을 더 좋은 습관으로 교체해가려 노력한다면 이제 내가 이야기를 만들어가는 주체가 된다. 즉 습관을 만들어가는 과정은 삶을 나의 이야기로 바꾸어가는 과정이라 할 수 있다. 그 변화를 위해서는 우선 작은 기대로 시작하자.

자기 암시를
이용하자

플라세보 효과를 이해하면 자기 암시를 별것 아니라고 무시할 수는 없게 될 것이다. 자기 암시는 아주 중요한 멘탈 관리 기술이다.

마음이 몸에 영향을 미친다는 증거,
플라세보 효과와 노세보 효과

우리는 몸과 마음을 분리된 것으로 생각하는 데 익숙하다. 적어도 서양의 합리주의적 근대사상은 그랬다. 몸은 물리적인 실체인 반면, 마음은 형태가 없는 추상적인 영역이었다. 몸과 마음을 구분하지 못하는 건 근대화되지 않은 비합리적인 상태의 증거라고 보았다. 그러나 현대 심리학 연구결과는 사람의 마음과 몸은 딱 구별되는 영역이 아니라 서로 밀접하게 연결된 동전의 양면과 같다고 말한다. 그 대표적인 예가 '플라세보 효과'와 '노세보 효과'다.

플라세보^{Placebo}란 '(내가 당신을) 기쁘게 할 것이다'라는 뜻의 고대 라틴어에서 유래한 단어로 그 자체로는 아무런 효과가 없는 약물이나 처치(주사, 수술, 그 외의 모든 치료)가 환자의 병세를 완화하는 효과를 발휘하는 현상을 통틀어 말한다.

플라세보 효과의 역사는 아주 오래되어서 18세기 의학 문헌에도 기록되어 있을 정도다. 그 당시에도 의사들이 효과가 없을 줄 알면서도 단지 환자의 소망을 들어주기 위해, 즉 그저 환자를 기쁘게 해주려고 의미 없는 처치를 행하는 경우가 있었는데, 그때마다 환자의 병세가 일시적으로 호전되었던 것이다.

플라세보 효과의 발생원인은 크게 4가지다. 첫째는 내가 나아질 것이라는 환자의 막연한 희망이다. 둘째 원인은 병으로부터 치료되고자 하는 욕구다. 치료받고자 하는 욕구가 클수록 플라세보 효과는 커진다. 셋째는 자신이 받는 처치에 대한 믿음이다. 우리는 어릴 적부터 TV 드라마나 책을 통해 수술을 받고 병이 나은 환자들의 이야기를 많이 본다. 그때부터 수술은 (그게 무엇이든) 병을 치료하는 강력한 수단이라고 뇌의 깊숙한 곳에 각인된다. 그 기억과 믿음이 실제로 효과를 발휘한다. 마지막 원인은 이런 요인들이 뇌를 속인 결과 뇌가 분비하는 내인성 아편(흔히들 엔도르핀이라고 부른다)의 양이다.

연구결과에 따르면 플라세보 효과는 다음과 같은 순서로 강력하다. 같은 가짜약이라도 정제알약보다는 캡슐약이 플라세보 효과가 더 크고, 정제알약이라도 크기가 크면 플라세보 효과가 더 크다. 가짜약이라도 하루 복용량이 많을수록 플라세보 효과도 커지고, 알약의 색깔에 따라서도 플라세보 효과가 달라진다. 그러니까 비아그라의 약효 중 일부는 그 푸른색 코팅에서 나온다는 이야기다. 또한 먹는 약보다는 주사제의 플라세보 효과가 더 크며, 그래서 침을 맞는 것이 약을 먹는 것보다 플라세보 효과가 더 크다. 가짜 주사제보다는 가짜 수술이 플라세보 효과가 더 크며, 비용이 비쌀수록 플라세보 효과도 커진다.

플라세보 효과의 반대는 '노세보 효과'다. 이 말 역시 고대 라틴어에서 나왔다. 원래 뜻은 '너를 해하리라'다. 즉 어떤 처치가 나에게 부작용이나 고통을 줄 것이라고 믿으면 실제로 그런 증상이 몸에 나타나는 현상을 말한다.

플라세보 효과와는 달리 이 현상은 비교적 최근인 1961년에 미국의 의사 월터 케네디W. Kennedy에 의해서 발견되었다. 그는 아무런 효과가 없는 약을 먹고서도 그 약의 부작용이라 알려진 증상을 나타내는 환자들을 연구하다가 이것이 플라세보 효과의 정반대 현상임을 깨달은 것이다.

하지만 알고 보면 노세보 효과는 아주 오래전부터 우리를 괴롭혀 왔다. 주술사들이 내리는 부정적인 예언이나 저주가 실제로 효과를 발휘하는 것이 노세보 효과의 대표적인 예다. 실제로 그 저주가 효과를 발휘하는 것이 아니라 저주를 받았으니 실제로 나쁜 일이 일어날 것이라는 뇌의 기대가 문제를 일으키는 것이다.

지금도 노세보 효과는 주변에서 발견할 수 있다. 거울을 깨면 악운이 닥친다는 징크스나 존재하지 않는 유해물질 때문에 건강이 나빠진다고 호소하는 사람들도 노세보 효과의 예라 할 수 있다.

플라세보 효과나 노세보 효과는 이성적으로 그것이 사실이 아님을 알고 있더라도 효과가 발휘된다는 공통점이 있다. 즉 이 두 효과는 우리의 마음이 몸에 영향을 미친다는 사실만이 아니라, 그 마음이 여러 단계로 나뉘어 있음을 보여준다. 뇌의 이성적 판단을 담당하는 곳에서는 이것이 사실이 아니라고 외치지만, 뇌의 다른 곳 특히 원시인 시절부터 존재했던 원초적인 뇌는 그와는 전혀 다르게 행동하는 것이다.

부정적인 자기 암시로
스스로를 학대할 필요는 없다

플라세보 효과와 노세보 효과는 자기 암시의 힘을 무시할 수 없다는 증거다. 내가 이 약을 먹고 병이 나을 것이라고 믿으면 정말로 잠깐은 병세가 나아진다. 마음에 의해서 몸이 바뀌는 것이다.

우리는 보통 긍정적인 자기 암시를 미신이나 자아도취 같은 비합리적 행동이라 여긴다. 하지만 사실이 아니다. 내가 하는 일이 잘못될 것이라고 믿으면 그 믿음은 반드시 내 행동에 영향을 미친다. 잘

될 수 있었던 일도 아주 약간의 사소한 실수나 선택으로 잘 안되는 쪽으로 흘러갈 수 있다.

반면에 자신이 어떤 일을 잘 해낼 수 있다고 믿으면 그렇게 믿지 않는 것보다는 그 일을 더 잘하게 된다. 물론 구체적인 계획을 세우고 준비하고 꼼꼼하게 점검하고 세심하게 실행하는 모든 실질적인 노력은 반드시 필요하다. 그러나 내가 잘될 것이라는 믿음이 없다면 아주 사소한 오류나 장애 앞에서 의욕을 상실할 수도 있다.

무엇보다 '내가 잘할 수 있다'는 믿음을 가진 사람은 사소한 말이나 행동, 태도에서도 그 믿음을 드러낸다. 그리고 그 태도가 주변 사람들의 신뢰를 이끌어낸다. 반면에 자기 자신을 믿지 못하면 다른 사람들도 당신을 믿지 못한다. 그러니 부정적인 자기 암시를 하는 습관이 있다면 이것을 긍정적인 암시로 바꾸어보시기 바란다.

이 험한 세상에서 살아가기도 힘든데 자기 암시로 스스로를 학대할 필요는 없다. 우리의 마음이 단순히 논리적으로만 작동하는 것이 아니라 감성적 요소, 즉 희망이나 기대, 믿음이나 욕구도 이성과 똑같이 우리의 마음을 움직이는 힘이 있음을 받아들이시라. 그러면 자기 자신과 남을 더 잘 이해하고 더 현명하게 대할 수 있을 것이다.

반드시 알아야 할
감정 사용법

정서심리학의 대가 폴 에크먼P. Ekman에 따르면 모든 인간이 보편적으로 느끼는 감정은 모두 6개로 기쁨, 슬픔, 공포, 혐오, 분노, 놀라움이 그에 해당된다. 이 6대 감정은 우리의 생존에 필수적이었다. 이 감정을 느낄 수 있었던 사람들만 살아남아서 후손을 남겼기에 우리들에게 이 감정이 기본 정서가 된 것이다.

——— 1) 기쁨: 삶의 에너지

우선 기쁨이 있다. 즐거움, 황홀감, 쾌감, 평온한 만족감, 해방감, 경이감, 흥분감, 으스대고 싶은 기분은 모두 기쁨에 해당한다. 기쁨은 오감을 통해 느끼는 쾌감에서 올 수도 있고, 뭔가 남에게 친절하거나 좋은 일을 했을 때 느낄 수도 있으며, 오랫동안 당신을 괴롭혔던 어떤 문제를 해결한 순간에 느끼기도 한다. 또한 웃기거나 재미있는 뭔가를 보았을 때, 아름답거나 엄청난 것을 보았을 때, 당신 본인이나 당신이 사랑하는 누군가가 뭔가를 훌륭하게 해냈을 때, 누군가와 내 마음이 온전히 이어져 있음을 느낄 때도 기쁨을 느낀다.

어쨌든 기쁨을 느낀다는 건 대개는 좋은 일이다. 삶을 계속하게 만드는 에너지원이다. 인생은 힘들고 고통스럽지만 우리가 계속 살아가는 이유는 지금까지 드물게나마 어디선가 기쁨을 얻었기 때문이고, 앞으로도 그런 기쁨을 얻을 수 있으리라 기대하기 때문이다.

만약 일상에 기쁨이 없다면 당신 자신이나 당신의 환경(그것이 직장이든 가족이든 혹은 친구들이든)에 문제가 있다는 뜻이다. 기쁨이 제로인 상태는 지속될 수 없다. 기쁨은 삶의 에너지원인데, 그게 없다면 아무리 강한 의지가 있어도 언젠가는 에너지가 떨어질 것이다. 우리가 살아가려면 기쁨이 필요하다.

주어진 환경에서 최선의 선택이란 언제나 기쁨을 주는 선택이다. 좋은 습관은 간단히 말해 우리 일상에 소소하지만 꾸준한 기쁨을 주는 습관이다. 게다가 시간이 지날수록 그 기쁨이 더 큰 만족감이나 성취감으로까지 이어지게 만들어준다. 그래서 좋은 습관이 필요한 것이다.

2) 슬픔: 상실의 신호, 소중함의 신호

그리고 슬픔이 있다. 절망감, 애통함, 실망감, 의기소침함, 체념 모두 슬픔의 다른 모습들이다. 슬픔은 상실에 대한 반응이다. 친구에게 버림받았을 때, 관계가 끝났거나 헤어져야 할 때, 질병이나 죽음으로 인해 사랑하는 이를 잃었을 때, 오랜 직장이나 살던 집을 떠나야 할 때, 뜻밖에도 실망스러운 결과를 접했을 때 우리는 슬픔을 느낀다. 따라서 당신이 슬픔을 느낀다는 건 소중한 뭔가를 잃었다는 뜻이다.

잃은 것이 없다고? 지금은 그게 뭔지 모를 뿐이다. 당신의 의식은 그걸 잃어버린 줄 모르고 있지만 당신 뇌의 다른 부분들은 이미 그걸 알고 있는 것이다. 혹은 잃어버린 줄은 알아도 그게 얼마나 자신에게 소중했는지를 미처 깨닫지 못했을 수도 있다. 따라서 슬픔을 느낀다면 자신에게 뭐가 소중한지를 깨달을 기회가 된다.

또한 슬픔은 공감대를 형성하고 끈끈한 동지애를 만드는 접착제이기도 하다. 그 동지애를 바탕으로 믿을 수 있는 공동체가 형성된다. 내가 잘나가고 즐거울 때는 누구나 내 곁에 있다. 하지만 내가 슬프고 힘들 때 누군가 그 슬픔을 같이 느껴주고 곁에 있어준다면, 그는 어떤 경우에도 나와 함께해줄 진짜 친구라는 뜻이다. 즉 슬픔은 소중한 존재를 알려주는 감지기다. 누구 혹은 무엇과 헤어졌을 때 슬픔을 느끼는지, 그리고 그 슬픔에 함께하는 이가 누구인지를 보면 당신에게 소중한 것, 소중한 이가 누구인지 알 수 있다.

──── 3) 공포: 위험 감지기

공포감도 있다. 으스스함, 긴장감, 불안감, 무서움, 두려움, 경악 모두 공포감의 다른 모습들이다. 공포감은 위험 감지기다. 새로운 회사에 입사했는데 회사 분위기가 편하지 않은가? 전세 계약을 앞두고 두려운가? 어떤 사람과 약속을 했는데 어째서인지 불안한가? 뭔가가 두렵다는 건 거기에 위험이 도사리고 있음을 여러분의 뇌가 감지한 것이다.

중요한 핵심은 왜 두려운지를 알아내는 것이다. 두려움의 이유를 명확히 안다면, 그게 정말 두려워할 일인지 아니면 무시해도 될 위험인지 판단할 수 있다. 예를 들어 높은 빌딩에 올라가서 창밖을 보는 것이 두렵다면, 그 두려움의 원인은 높은 곳에 있다는 사실 때문이겠다. 원시 시대부터 경험했던 '높은 곳에서 떨어질 가능성'에 대한 본능적인 공포심이다. 지금은 높지만 떨어질 가능성이 확실히 없다면 그 공포는 무시해도 된다.

그러나 이유를 알 수 없는 두려움이 느껴질 때는 조심해야 한다. 이는 지금 당신이 그 위험 요인을 발견하지 못했지만 어쩌면 정말 위험한 상황일지도 모른다는 뜻이기 때문이다.

그렇다고 모든 공포심에 따를 필요는 없다. 위험을 감수해야 하는 경우도 많다. 예를 들어 우리는 사춘기 즈음에 공포심이 좀 약해진다. 그래서 온갖 위험을 겁 없이 직면하려 든다. 그러다가 다치고 후회하고 고생도 하지만 그 모험을 통해 앞으로 험한 세상을 살아갈 '용기'를 얻게 된다. 물론 사춘기 이후에도 계속 그렇게 모험만 하다가는 오래 살기 어렵겠지만 말이다.

그러니까 공포심을 느낀다면 일단 무엇 때문에 두려운지, 즉 위험 요인이 무엇인지를 알아야 한다. 그러고는 그 위험을 평가하시라.

- 위험의 수준: 얼마나 위험한지, 내가 잃을 수 있는 것
  이 무엇인지.
- 위험의 시점: 지금 당장 위험한지 아니면 먼 미래의 위
  험인지.

– 대응수단: 내가 그 위험에 대처할 방법이 있는지 아니면 그냥 피하는 게 최선인지.

이 세 항목을 평가하면 어떻게 해야 할지 조금은 알 수 있다.

___ 4) 혐오: 독성 감지기

혐오감도 중요하다. 단순하게 싫은 느낌에서부터, 거부감, 징그러움, 역겨움, 증오심까지 다양한 스펙트럼을 가진 감정이다. 이 혐오감은 독성에 대한 반응이다. 내 몸이나 마음을 해치는 존재, 독성을 가진 사람, 독성을 가진 물건을 보면 우리는 본능적으로 혐오감을 느낀다. 그리고 그것을 기피함으로써 해를 입을 가능성을 줄인다.

예를 들어 어떤 음식을 먹고 배탈이 났다면 다음번에 그 음식을 보는 순간부터 속이 안 좋아진다. 그 음식을 기피하게 만드는 본능적인 혐오감이다. 우리는 죽음이나 질병에 대한 혐오감도 가지고 있다. 그 혐오감 덕분에 감염의 가능성을 낮출 수 있다.

혐오감은 사람이나 행동에 대해서도 느낄 수 있다. 하면 안 되는 나쁜 행동을 하는 사람을 보면 우리는 혐오감을 느끼고 그 사람을 피하게 된다. 그러니까 어떤 사람이 이상하게 거슬린다면, 당신 뇌의 어딘가에서 그 사람을 조심하라고 말하고 있는 것이다. 사기꾼들은 자기 정체를 잘 숨기지만, 어떤 사람은 사기꾼에게서 잘은 모르지만 뭔가 이상하다는 느낌을 받는다. 그리고 그 느낌을 믿고 그 사기꾼이 접근할 때 조심하고 사기꾼의 제안을 받아들이기를 미룬다. 그동안 그것을 느끼지 못하는 사람들이 사기 피해를 입는다.

혐오해야 하는 것을 혐오하지 못하고 혐오할 필요가 없는 것을 혐오할 때 우리는 아주 좋지 않은 결과를 마주하게 된다. 단, 혐오감의 대상이 기피할 수는 있어도 공격의 대상은 아니라는 점을 주의하시라. 단순히 누군가가 혐오스럽다고 해서 그 사람을 미워하거나 공격할 이유나 권리가 주어지는 건 아니다.

최근 우리 주변에서는 혐오스럽다는 이유로 누군가를 배척하고 공격하는 일이 많이 일어났다. 그건 큰 잘못이다. 그 사람의 행동이 아니라 피부색이나 외모만으로도 혐오를 불러일으킬 수는 있다. 하지만 그 혐오를 이유로 공격하거나 배척하면 그 순간부터 당신 자신이 혐오스러운 존재가 된다.

혐오라는 감정 자체가 오류인 경우도 있다. 예를 들어 채소인 브로콜리는 자세히 보면 징그럽고 혐오스럽게 생겼다. 맛도 조금 이상하다. 하지만 브로콜리는 몸에 좋은 음식이다. 외형이 가진 특징 때문에 본질을 잘못 판단한 혐오의 오류다.

───── 5) 분노: 나를 보호하는 수단

분노도 보편적인 감정이다. 거슬림, 성가심, 짜증, 불만, 열받음, 앙심을 품음 등의 감정들이 모두 분노에 해당한다. 다른 사람이나 어떤 상황으로 인해 내가 하려는 일을 방해받거나, 누군가에게 부당한 대우를 받거나, 누군가가 자신이나 내가 사랑하는 존재에게 해를 끼치거나, 믿었던 이에게 배신이나 거절을 당했거나, 새치기나 반칙 같은 행위를 목격했을 때 분노가 끓어오른다. 이런 상황에서 발생한 분노는 공격행동의 에너지원이 된다. 즉 우리는 분노하면 누군가를 공격하게 된다.

그 공격은 대개 분노를 유발한 존재를 향하지만, 엉뚱한 곳으로 향하기도 한다.

우리는 어릴 적부터 화를 참으라고 교육받아왔다. 화를 내면 야단맞았다. 하지만 분노는 무조건 참아야 하는 감정이 아니다. 내가 화가 났다는 건 뭔가 부당한 일이 나 자신 혹은 내 소중한 존재에게 가해졌다는 뜻이다. 과거에 자신에게 가해지는 부당함에 화도 낼 줄 몰랐던 선조들은 모두 후손을 남기지도 못하고 멸종했다. 즉 우리는 모두 부당하게 내 것을 빼앗거나 해를 가한 자에게 분연히 일어나 화를 내고 공격을 가한 선조들의 후예다.

이렇듯 분노는 부당한 대우로부터 우리를 지켜주는 감정이다. 하지만 문명화된 세상에서 분노를 있는 그대로 터트리면 정말로 나쁜 결과가 생긴다.

주변에 화를 자주 많이 내는 사람들을 떠올려보시라. 대부분은 인간관계가 나쁘거나 지위가 높은 사람일 것이다. 높은 지위의 인간도 그 지위에 오르기 전까지는 화를 많이 내지 않았을 것이다.

그러면 분노는 어떻게 사용해야 할까? 기본 원칙은 분노에 다른 무언가를 섞어서 사용하는 것이다. 가장 좋은 재료는 공감이다. 우선 공감과 분노를 섞으면 일단 화가 조금 누그러진다. 그리고 공감을 통해 나에게 부당한 행동을 한 사람의 입장이 되어보는 것도 좋다. 나쁜 짓을 한 놈을 이해해주라는 뜻이 아니다. 전략적으로 내 분노를 어떻게 사용해야 가장 효과적일지 생각하자는 뜻이다.

대개 나에게 나쁜 짓을 한 사람은 스스로도 문제를 가지고 있다. 그 문제가 뭔지 알면 상황을 받아들일 때도 도움이 되고, 혹시 상대방을 받아쳐야 할 때도 유용하다.

누군가의 질책과 비난을 받을 때 우리가 제일 먼저 느끼는 감정은 죄책감이나 미안함이다. 물론 자신이 아무런 잘못을 하지 않았는데 상대방으로부터 공격을 받고 있다면 당혹감을 경험할 수도 있다. 그 감정이 너무 강하면 합리적인 판단을 하기 어려워진다.

반면에 지금 내 눈앞에 있는 사람이 내뿜는 분노는 나를 향한 것이 아니라 지금까지 저 사람이 받아왔던 스트레스와 좌절의 표출이라고 생각하면 그 감정의 폭풍에서 비켜설 수 있다. 그것만으로도 당신은 아주 조금이겠지만 더 현명하게 대처할 여유가 생긴다.

_____ 6) 놀라움: 배움의 에너지

그리고 놀라움이 있다. 놀라움은 다른 감정들에 비해서 아주 찰나의 순간만 지속되는 짧은 감정이지만 우리에겐 매우 중요하다. 놀라움은 재미라는 감정과 한 쌍이다. 놀라움은 예상하지 못한 상황에 마주쳤을 때 느끼는 감정이다.

놀라움은 비극으로 끝날 수도 있다. 만약 내가 홀로 숲속에서 예상하지 못한 곰을 만났다면, 나는 놀랄 것이다. 그리고 그 곰에 잡아먹혔을 것이다. 하지만 놀라고 나서도 안전하다면, 그때 우리는 흥미를 느낀다. 그리고 그 놀라움을 준 낯선 존재에 주의를 기울이고 자세히 관찰할 것이다. 관찰을 통해 그 대상을 이해하게 되면 "아하!" 하고 무릎을 치는 깨달음의 즐거움을 느낀다. 몰랐던 것을 알게 되는 과정, 바로 이게 학습이다.

그러니까 우리는 미지의 존재를 만나면 먼저 놀라고, 그 존재를 자세히 관찰하고 이치를 깨달으며 배운다. 그렇게 세상을 알아가면서 인류는 진보해왔다. 그러니까 당신이 놀라움을 느낀다면 당신에게 학습의 기회가 주어졌음을 의미한다.

당신을 놀라게 한 것에 관심을 가지고 탐구해보시라. 그러면 새로운 세상의 창이 열릴 것이다. 반면에 당신이 최근에 놀랄 일이 없었다면 당신은 지금 멈춰 있는 상태다. 우리가 학습하는 모든 과정에는 이 놀라움과 재미의 순환이 있다. 학교 공부도 원래는 재미가 있기 마련이다. 안타깝게도 한국 교육 시스템은 그 재미를 삭제하는 데 도가 텄지만.

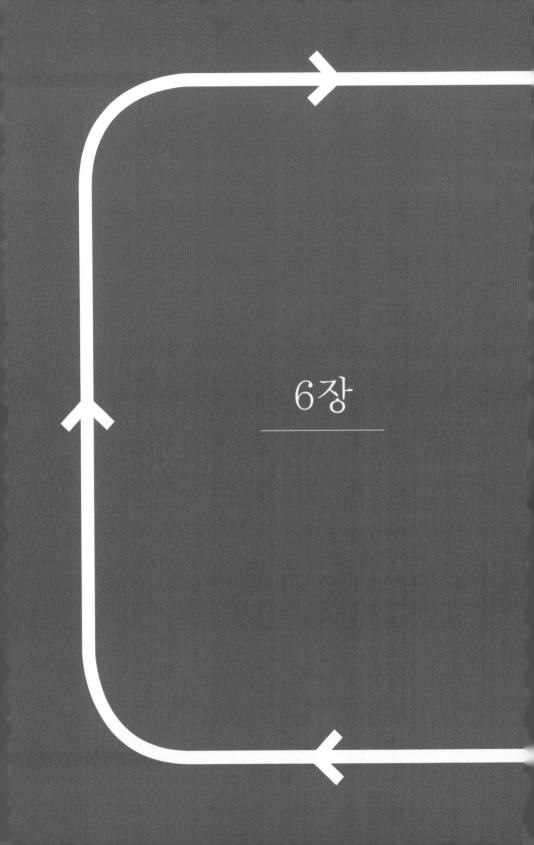

6장

어른이들을 위한
행동 습관

> 영화 〈킹스맨〉은 '매너가 사람을 만든다^{Manners maketh man}'라
는 말을 유행시킨 작품이다. 이 영화는 영국 신사도를 갖춘
스파이들을 주인공으로 내세워서 다른 비슷한 액션 영화들과 차별점을
두었다. 이 영화에 인용된 영국 신사의 규칙들은 감독에 의해 그냥 만들
어진 것이 아니라 실제 문헌에 기록된 자료들을 바탕으로 감독이 편집한
것이다.

그렇다면 그런 영국 신사들의 매너는 왜 만들어졌을까? 아무 이유 없이
만들어진 건 아니다. 영국이 해가 지지 않는 제국이던 시절, 영국 신사들
은 그 제국의 영업 사원이자 일선 조직원들이었다. 이들에게 요구되는
신사의 매너라는 것은 식민지 경영의 실무자로서 갖추어야 하는 일종의
기초 역량이었다.

역사를 돌이켜보면 영국이 전 세계에서 저지른 나쁜 행동들을 많이 만날수 있다. 그 나쁜 행동들을 직접 수행하는 것이 신사들의 일이었다. 당연히 위험하고 비난받기 쉬웠고, 스스로도 자존심에 상처를 입을 가능성도 높았다. 이런 상황에서 그들은 신사의 매너를 개발해서 후대에 전수했다. 식민지 지배자의 대리인으로서 지배당하는 사람들의 반발심을 무마하고, 상대방의 호감과 협력을 이끌어내기 위해서도 매너가 필요했다. 그런면에서 매너란 교묘하고 부드러운 지배를 가능하게 하기 위한 기술이었다. 매너의 기본이 자신을 겸손하게 낮추는 것은 이런 이유 때문이다.

매너는 온갖 힘들고 지저분한 일을 하면서도 자신의 자부심과 자존심을지키는 방법이기도 했다. 요컨대 영국 신사의 매너는 모든 조직에서 일하면서 자존감을 지키기 위한 자아의 갑옷이었다. 이는 개인의 자존감을깎아내리는 온갖 위험요소들, 갑질이나 착취에 시달리는 21세기 한국인들에게도 유용하다. 매너의 원칙을 소개하는 이유는 이 때문이다. 남들이아니라 당신을 위해서 매너를 사용하시라.

기꺼이 양보하고
봉사하는 습관

남을 돕는 습관은 남이 아니라 자기 자신을 위한 것이다. 양보와 봉사는 최고의 자기 자랑 방법이다. 하지만 그러기 위해서는 몇 가지 조건이 필요하다.

양보와 봉사는
상대방을 위해서 하는 게 아니다

영국의 매너를 가르치는 책에서는 이렇게 말한다. "신사는 언제나 봉사하는 것에 기쁨을 느낀다. 문을 열어주거나 계산을 부담하거나, 단지 다음 아침 택시를 불러주는 것일지라도 도움을 요청하면 거절할 수 없다. 노약자, 여성, 아이에게는 늘 순서를 양보하고, 그게 누구든 나서서 문을 열어주고, 누군가 떨군 물건을 주워주고, 도움을 요청받으면 언제든 도우라."

남을 돕는 습관은 남이 아니라 자기 자신을 위한 것이다. 우선 남을 돕는 건 자아를 보호하면서도 자부심을 키울 수 있는 자기 자랑법이다. 그야말로 최고의 자기 자랑 방법이다. 남에게 자기가 가진 것, 자기 능력 따위를 자랑하는 사람은 하수다. 드러내놓고 하는 자기 자랑은 주변 사람들에게 반감을 사거나, 의도하지 않은 평가를 유발하거나, 혹은 '저 사람 참 자기 자랑 좋아하네' 같은 평가를 받을 뿐이다. 하지만 누군가의 부탁을 들어주다 보면 저절로 내 능력을 드러내게 된다. 자기 능력을 뽐내면서 동시에 상대방의 고마움까지 받을 수 있는 것이다.

그렇다면 봉사는 어떻게 시작해야 할까? 봉사의 기본은 양보다. 남들에게 자기 순서를 양보할 때, 우리는 내가 얼마나 여유 있는 사람인지를 명백하게 보여줄 수 있다.

그런 면에서 양보하는 행동은 공작새의 꼬리깃털과 비슷하다. 아시다시피 수컷 공작새의 화려한 깃털은 포식자로부터 자신을 보호하는 데는 전혀 도움이 되지 않는다. 꼬리가 길고 화려할수록 눈에 더 잘 띄고 도망치기 어려울 뿐이다. 그럼에도 수컷들이 경쟁적으로 화려한 깃털을 자랑하는 이유는 '나는 이렇게 살아남기 힘든 조건에서도 버텨낸 능력자'라는 것을 보여줄 수 있기 때문이다. 핸디캡이 클수록 그 핸디캡을 극복할 정도로 빠르고 강하다는 증거가 되는 것이다.

남들보다 더 자주 더 여유 있게 양보를 한다는 건 내가 그만큼 충분한 자산을 가지고 있음을 뜻한다. 양보와 봉사는 상대방을 위해서 하는 게 아니다. 내가 얼마나 잘난 사람인지를 보여주는 수단이다.

여유 있는 양보와 봉사를 통해서 드러내는 자부심이
진정한 자부심이라고 할 수 있다.

돕는 습관에도
몇 가지 원칙이 필요하다

물론 반론을 제기할 수 있다. 요즘 세상에서 그렇게 부탁을 다 들어주다가는 그저 남에게 이용만 당하는 호구가 될 뿐 아닌가? 세상에 그렇게 여유가 있는 사람이 얼마나 되겠나?

그래서 누군가를 돕는 습관에도 몇 가지 원칙이 필요하다. 도움의 원칙은 간단하다.

1) 첫째, 내가 할 수 있는 일만 한다

내게 돈이 없는데 누군가 돈을 빌려달라고 하면 돕고 싶어도 못 도와주는 것이 당연하다. 내가 빚을 내서 그 사람에게 빌려줄 수는 없는 것이다. 봉사는 허세가 아니다. 내 수준에 맞는 양보와 봉사만 하시라.

2) 둘째, 상대방이 필요로 하는 것만 한다

내 봉사가 상대방이 필요로 하는 것이었는지를 판별하는 기준은 상대방의 반응이다. 상대방이 내 도움을 받으면 당연히 고마워한다. 상대가 고마워하지 않으면 그 행동이 필요하지 않았거나 도움이 아니었던 것이다.

남들의 도움을 스스로 받을 자격이 있어서 받아내는 당연한 권리로 여기는 사람도 있긴 하다. 그런 사람들에게는 내가 도움을 줄 수가 없다. 내가 해준 것을 도움으로 여기지 않을 테니까. 그 사람에게는 내가 어떤 행동을 해도 도움이 되지 않으니 그 사람의 요청은 거절할 수밖에 없다.

3) 셋째, 내가 좋아야 한다

남에게 도움을 주는 가장 큰 이유는 내 기분이 좋기 때문이다. 기분이 좋아진다는 점에서 도움은 가성비가 좋다. 작은 도움이든 큰 도움이든 보상의 크기는 비슷하기 때문이다. 누군가를 나보다 먼저 들어가게 하고, 문을 열어주는 행동을 하는 데 드는 비용은 거의 없다. 그러나 나는 기분이 좋아진다.

도움은 내적 보상을 제공한다. 누군가를 도우면 내가 조금이라도 좋은 사람이 된 것 같고, 뭔가 의미 있는 일을 한 것 같다. 실제로도 대개는 그렇다. 도움을 통해 얻는 내적 보상에 맛을 들인 사람들은 계속 도울 거리를 찾아다닌다.

반면에 내가 도울 수 있는데 돕지 않으면 스스로도 기분이 나빠진다. 장애인용 엘리베이터 앞에서 줄을 서고 있는 사람들이 진짜 장애인이 왔을 때 양보를 하지 않는 모습을 보면 불쾌하지 않던가? 내가 그 사람들 중 하나였다면 자괴감도 든다. '내가 고작 이 수준인가?' 싶다.

그러니까 돕고 나서 기분이 좋으면 그 봉사는 성공이다. 만약 돕고 나서 기분이 좋지 않다면 뭔가 잘못된 것이다. 그런 도움은 주지 마시라. 이유를 찾아보고 다른 방법을 찾으시라.

내가 할 수 있는 행동을, 상대방이 필요로 하고 나도 해주고 싶을 때 하는 것이 봉사다. 이 조건에 맞지 않는 행동은 봉사가 아니니까 안 하면 된다.

대화 상대를 주인공으로
만들어주는 대화 습관

말주변이 없어도 상대방의 말을 경청하는 기술과 태도만 갖추면 좋은 대화를 할 수 있다. 특히 경청은 대화에서 제일 먼저 사용해야 할 카드다.

진짜 내 자부심의 근간이 되는 것들은
남들에게 숨기는 게 좋다

정말로 좋은 대화를 하고 싶다면 상대방을 주인공으로 만드는 대화를 하라. 언제나 상대방이 불편해하지 않고 즐겁게 대답할 수 있는 질문을 던져라. 그 대답을 들을 때는 '당신은 내가 지금까지 만난 사람 중 가장 재미있고 멋진 사람이에요!'라는 태도로 경청하라.

여기서 핵심은 대화를 할 때 내가 말하는 것보다는 상대방의 말을 듣는 것이다. 그것도 그 사람이 내가 평생 동안 만난 사람 중에서 가장 흥미로운 사람인 것처럼 경청하라는 뜻이다.

"진정한 신사는 남들 앞에서 자기 이야기를 하지 않는다"라고 말한다. 그 자기 이야기 중에서 가장 피해야 할 것이 '자랑'이다. 물론 이건 겸손하기 위한 기본 원칙이다. 정말 내가 잘났다면 낭중지추(囊中之錐)처럼 결국 드러날 테니까 굳이 떠벌릴 필요가 없다는 뜻이기도 하다. 그런데 자아의 갑옷으로서 이 원칙은 또 다른 의미가 있다. 바로 이것이 타인의 평가로부터 나를 지키는 대원칙이라는 것이다.

평가는 비교로 이어지고, 비교는 결국 내 자아를 흔들게 된다. 내가 나를 어떤 사람이라고 드러내서 칭찬을 받았다고 해도 결코 좋은 일이 아니다. 왜냐하면 칭찬도 평가이기 때문이다. 누군가 나를 칭찬했을 때 그걸 정말 내 것으로 받아들이는 순간, 나는 그 사람에게 나를 평가할 자격을 부여하는 것이다. 이제 그 사람은 언제든 나를 낮춰서 평가할 수도 있는데, 거기에도 흔들리게 된다. 결국 나를 남들 앞에 드러낼수록 남들이 나에 대해서 뭐라고 평가질을 하며 내 자아를 건드릴 여지를 주게 된다.

어차피 내가 드러내지 않더라도 남들의 평가로부터 완전히 자유로울 수는 없다. 특히 오지랖 넓은 한국 사회에서는 걸핏하면 남들이 평가질을 하고 끼어든다. 굳이 내가 나서서 남들에게 평가할 거리를 더 던져줄 필요는 없는 것이다.

진짜 내 자부심의 근간이 되는 것들은 남들에게 숨기는 것이 좋다. 자랑하지 말라는 건 그것이 나를 타인의 평가로부터 안전히 보호하는 최선의 방법이기 때문이다.

누군가와 진정한 대화를 하고 싶다면, 잘 들어주려고만 하라

고대 그리스 철학자인 키티온의 제논^{Zenon of Citium}은 "인간에게 입은 하나인데 귀가 둘인 것은 말하는 것의 2배만큼 들으라는 뜻"이라고 말했다. "지혜는 들음으로써 생기고, 후회는 말함으로써 생긴다"라는 유명한 영국 속담도 있다. 우드로 윌슨 행정부와 루스벨트 행정부의 재정담당관이기도 했던 월스트리트의 유명 투자자 버나드 바루크^{B. M. Baruch}는 "내가 아는 성공한 사람들은 모두 말하기보다는 듣기를 더 잘했던 사람이다"라고 말했다. 흔히 이야기하는 연장자의 처세술인 "나이 들수록 지갑은 열고, 입은 닫아라"는 말도 결국 같은 맥락이다.

그렇다. 경청의 기술이 중요하다는 건 누구나 아는 진실이다. 하지만 그걸 실천하기란 쉬운 일이 아니다. 『성공하는 사람들의 7가지 습관』으로 유명한 스티븐 코비^{S. R. Covey}의 지적처럼 우리는 "상대의 말을 이해하려는 의도로 듣는 게 아니라 무슨 대답을 할지를 생각하고 있는" 경우가 더 많다.

인본주의 심리학자 칼 로저스^{C. R. Rogers}는 심리치료에 있어서 경청이 얼마나 중요한지를 이론적으로 설명한 대표적인 학자다. 그에 따르면 모든 사람은 각자 자기만의 주관적인 세계에서 살아간다. 세상에 60억의 인구가 있다면, 60억 개의 주관적인 세상이 존재하는 셈이다. 다행히도 대부분의 사람들은 각자의 세상을 가지고서도 다른 이와 소통할 수 있다. 왜냐하면 상대방과 나의 차이를 이해하고 받아들일 수 있기 때문이다.

하지만 마음에 병이 생긴 이들은 그렇게 하지 못한다. 그가 가진 주관적인 세상이 남들의 세상과 지나치게 동떨어져 있기 때문이다. 그들의 세상이 어쩌다 그렇게 멀리 떨어져 나갔느냐 하면, 어릴 적부터 그들은 자신이 어떤 조건에 맞추지 못하면 남들로부터 존중받을 자격이 없다고 배워왔기 때문이다.

아이들에게 엄격한 조건을 제시하고 거기에 맞추도록 요구하면 그 아이들이 더 또렷하게 각이 잡힌 어른으로 자라날 것 같지만, 오히려 반대 현상이 벌어지는 것이다. 조건이 엄격할수록 아이가 자신을 거기에 맞추는 데 실패하기 마련이다. 그러면 자신은 존중받을 자격이 없다는, 존재의 위기가 찾아온다. 이를 피하기 위해서 아이는 점차 사실을 왜곡하기 시작한다. 도달하지 못한 조건에 스스로 도달했다고 여기거나 혹은 남들에 비해서는 자신이 더 조건에 맞는다는 식으로 말이다. 이런 일이 반복될수록 아이의 세상은 보편성으로부터 멀어지게 되고, 그럴수록 남들과의 소통은 더 어려워지며, 고립되고 불안하고 좌절하게 된다.

현대인들의 신경증은 바로 이렇게 생겨난다. 이런 상태에서 벗어나게 해주는 유일한 방법은 경청을 통해 마음 깊이 각인되어 있던 조건들을 지워버리는 것이다.

이 목적을 달성하기 위한 경청은 무조건적인 긍정적 존중을 담은 경청이다. 상대가 무슨 말을 하든, 아무리 황당하고 얼토당토않은 생각을 드러내더라도 상담자는 그 말을 이 세상에서 가장 중요하고 가장 가치 있는 것으로 여기고 듣는 것이다.

거기에 어떤 판단이나 평가나 혹은 조언을 덧붙이지도 않는다. 상담자가 할 일은 그저 열심히 듣는 자가 하는 경탄과 공감을 보여주는 것으로 충분하다. 이렇게 자신의 모든 것을 열심히 들어주는 상담자 앞에서 내담자는 점차 지금까지 조건에 맞추지 못해 숨겨왔던 자신의 진짜 모습을 드러내기 시작하고, 그 모습을 받아들이며 잃었던 상식과 균형을 되찾기 시작한다.

한국 사람들은 누구나 마음의 무거운 짐 혹은 괴로움으로 고통을 겪고 있다. 그런 사람들에게 로저스가 말하는 경청의 효과는 지극히 효과적이다.

당신이 소개팅 자리에 나가서 이런 경청의 태도를 보여준다면, 상대방은 최소한 당신에게 호감을 느낄 것이다. 그 호감이 애정으로 이어진다고는 보장할 수 없지만 당신과 대화하는 그 시간을 매우 만족스러운 순간으로 기억할 수는 있을 것이다.

그러니까 누군가와 진정한 대화를 하고 싶다면, 잘 들어주려고만 하라. 모든 말을 주의 깊게 듣고 흥미롭게 받아들여라. 억지로 리액션을 할 필요도 없다. 만약 당신이 정말로 이와 같은 태도를 가진다면 저절로 자연스러운 리액션이 나올 것이다.

그의 반려동물이 되었다고 생각하며
그저 경청해보자

이 모든 것이 어렵다면 당신이 반려동물이 되었다고 생각하는 것도 방법이다. 반려동물들의 가장 큰 미덕도 바로 경청이기 때문이다.

개나 고양이는 말을 못 한다. 하지만 그들에게 주인은 제일 중요한 존재다. 물론 그 주인이 나에게 먹을 것을 주고 집 안에서 가장 힘이 세며 가장 익숙하기 때문이지만 이유는 중요하지 않다. 그저 바로 곁에 앉아 다른 것에 전혀 신경 쓰지 않고 주인의 두 눈을 주의 깊게 응시하며 주인이 뭐라 지껄이든 알아듣지 못하더라도 열심히 들어주는 것만으로 그들은 치유사로서의 역할을 충분히 해낸다. 말을 못하기 때문에 소통이 안 되는 것이 아니라 오히려 말없이 들어주기만 하는 상대방 덕분에 마음을 열고 그동안 숨기거나 쌓아둔 것들을 끄집어낼 수 있는 것이다.

"위대한 사람만이 경청을 할 수 있다"는 미국 제30대 대통령 캘빈 쿨리지J. C. Coolidge의 말은 다소 과장일지 모른다. 하지만 경청을 하는 이가 그 대화에 참여한 모든 이들 중에 가장 현명한 자의 역할을 하게 된다는 것은 너무나 분명하다. 고로 연애를 할 때도, 동료와 대화를 할 때도, 상사와 소통해야 하는 순간에도 경청은 제일 먼저 사용해야 할 카드다.

한 번에 한 가지 일만
하는 습관

주의력은 우리들이 제정신으로 살아가기 위해 반드시 필요한 자원이다. 그런데 현대 IT 기업들은 당신의 주의력을 탐낸다.

주의력을 훔쳐 가려는 존재들이
너무도 많다

앞서 멀티태스킹이 얼마나 나쁜 작업방식인지를 설명했다. 멀티태스킹은 우선 우리의 뇌가 수행할 수 없는 방식이다. 뇌는 습관을 통해 자동화된 작업들을 제외하고 의식적으로 수행하는 작업은 한 번에 한 가지만 할 수 있다.

이런 우리의 뇌에 멀티태스킹을 요구하면 그 한 가지의 작업을 계속 바꾸어가며 마치 멀티태스킹을 하는 것처럼 흉내를 낼 수는 있지만 그 과정에서 뇌가 과부하를 일으키고 더 빨리 지치며, 수행능력

자체도 줄어든다. 결국 정말 성과를 얻고 싶다면 한 번에 한 가지 일만 하는 습관을 내 것으로 만들 수밖에 없다.

평범한 사람과 똑똑한 사람의 차이는 '원하는 것을 향해 집중력을 발휘하는 능력'에 달려 있다. 회의시간에 집중하기 위해서도, 세미나나 워크숍 시간에 뭔가를 이해하기 위해서도 이 습관이 필요하다. 보고서를 작성하거나, 원고를 쓰기 위해서도 마찬가지로 이렇게 주어진 시간에 주어진 과제에 집중하는 습관이 필요하다.

문제는 우리 주변에 이 주의력을 훔쳐가려는 존재들이 너무도 많다는 점이다. 우리를 둘러싼 IT 기술은 사람들이 어떻게 하면 이용자들의 주의를 가져와서 일하고 물건을 사대고 누군가의 이윤을 창출하게 만들지에 대한 노하우로 가득하다. OTT는 당신을 위한 콘텐츠로 가득하고, 온라인 쇼핑몰은 당신이 사야 할 상품을 잔뜩 내밀며, 소셜미디어는 당신이 관계 맺고 싶은 사람들을 내놓고 유혹한다. 이 모든 것들이 걸핏하면 새로고침 알림을 울리며 주의를 기울이라고 소리치고 있다. 이런 환경에서 한 번에 한 가지 일만 한다는 건 정말 힘든 일이다.

하지만 이 목표는 달성해야 한다. 그것이 사이버 유체 이탈에서 벗어나는 길이고, 내 경쟁력을 최대한 발휘하는 비결이기 때문이다. 남들이 스마트폰에 홀려서 자신이 하는 일에 주의를 집중하지 못하는 동안, 내가 조금이라도 더 많은 시간과 주의력을 지금 여기의 나에게 집중할 수 있다면 그들보다 내가 유리해지는 것이 당연하다.

급한 일보다는
중요한 일을 먼저 해야 한다

그렇다면 어떻게 해야 한 번에 한 가지 일만 하는 습관을 만들 수 있을까? 우선, 집중해야 할 일을 정하는 규칙을 만들어야 한다. 그 규칙의 첫 번째는 급한 일보다는 중요한 일을 먼저 하는 것이다.

일의 중요도는 그 일을 하는 것이 나에게 얼마나 긍정적인 결과를 가져다주는지로 판단하면 된다. 나를 성장하게 해주는 일, 예를 들어 운동하기, 책 읽기, 글쓰기 같은 내 미래를 위한 일들, 그리고 내게 주어진 역할, 예를 들어 가족의 일원으로서의 역할, 직원이나 동료로서의 역할을 감당하기 위해서 꼭 해야 하는 일이 중요한 일이다.

반면에 급한 일은 그 일을 지금 당장 하지 않으면 할 필요가 없어지거나 할 수 없게 되는 일들을 말한다. 급한 일은 일 자체의 내용보다는 상황에 달려 있는 경우가 많다. 예를 들어 보고서 제출일이 내일이라면 보고서 마감은 긴급한 일이다. 마감이 지난 뒤에 아무리 좋은 보고서를 제출해도 의미가 없다. 하지만 그 보고서의 마감일이 한 달 뒤라면 보고서 작성은 급한 일이 아니다. 이처럼 특정 시간대에서만 할 수 있는 일, 어떤 장소에서만, 혹은 어떤 사람하고만 할 수 있는 일들이 급한 일이다. 이 두 조건을 합치면 다음의 표처럼 이 세상 모든 일을 다음 4개 중 하나로 분류할 수 있다.

	긴급함	긴급하지 않음
중요함	**중요하고 급한 일:** 마감시간이 임박한 과제물 완성하기, 등교시간에 늦지 않기, 가족이나 친구와의 시간 약속 지키기 등. 즉 지금 당장 닥친 위기나 문제를 해결하기 위한 일.	**중요하지만 급하지 않은 일:** 일기 쓰기, 책 읽기, 꾸준히 공부·운동하기, 할 일 계획하기, 그 외 나의 미래와 성장을 위한 일. 즉 앞으로 발생할 위기나 문제를 예방하기 위한 일.
중요하지 않음	**중요하지 않지만 급한 일:** 중요하지 않은 전화·우편물·이메일·문자에 답하기, 게임 일일 퀘스트 완료하기. 즉 시간이 지나면 할 수 없지만 아예 하지 않아도 되는 일.	**중요하지 않고 급하지도 않은 일:** 오랫동안 TV 보기, 오랫동안 인터넷 커뮤니티 순회하기, SNS 하기, 질릴 때까지 게임 하기 등 즐겁지도 않고 의미나 쓸모가 없는 일. 즉 해도 그만, 안 해도 그만인 일.

이 4가지 일 중에서 어떤 일을 먼저 해야 할까? 중요하고 급한 일을 제일 먼저 해야 한다. 당장 하지 않으면 나에게 문제가 생기는 일들이다.

문제는 그다음이다. 늘 바쁘게 살면서도 중요한 일은 하나도 못하고 계속 바쁘기만 한 사람들의 공통점은 중요하지 않은데 급한 일을 먼저 한다는 점이다. 그들은 시간이 조금 남으면 너무 힘들어서 숨 좀 돌린다고 중요하지도 않고 급하지도 않은 새로운 소식을 보려고 스마트폰에 눈을 돌린다. 이렇게 살다 보니 급하지 않지만 내 미래를 위해 꼭 필요한 일이나 미리 해두면 앞으로 급한 일이 터지지 않게 해주는 일들을 하지 못하게 된다.

반면에 여유 있게 살면서도 할 일은 다 하는 사람들은 대개 급하지는 않아도 중요한 일을 먼저 한다. 중요하지 않은데 급하게 나를 찾는 일들은 중요한 일을 하는 도중에 틈틈이 하거나 그냥 넘겨버리고 만다. 그러니 어떤 일을 할 때마다 그 일이 나에게 얼마나 중요한지를 먼저 평가하는 습관이 필요하다.

한 가지 작업에 집중하는 시간을 조금씩 늘려가면 된다

이렇게 할 일을 정하고 나면 환경을 정리해야 한다. 예를 들어 모니터 화면에는 작업에 필요한 것 이외에는 절대로 켜놓지 않는 습관부터 시작해보자. 이것은 MIT의 얼 밀러^{E. Miller} 교수가 추천한 방법이기도 하다.

그다음에는 그렇게 정한 한 가지 작업에 집중하는 시간을 조금씩 늘려가야 한다. 처음 시작할 때의 시간 길이는 당신의 초기 조건에 따라 다르다. 처음에는 시간 길이가 아주 짧아도 좋다. 타이머를 켜놓고 10분만 그 일에 집중하는 것부터 시작해도 된다. 10분이 어렵다면 5분도 좋다.

최근의 통계에 따르면 미국 노동자들이 한 가지 일에 집중하는 시간은 평균 3분에 불과했다. 거기에 비하면 5분은 대단한 시간이다. 만약 그 첫 5분(혹은 10분) 동안 작업에 집중하는 데 성공했으면 일단 스스로 내가 이 일을 한 번 완수했음을 확인한다. 뇌에 1회차 경험을 적립시키기 위한 필수적인 절차다.

　그리고 다시 5분을 시작한다. 이렇게 5분씩 집중을 여러 번 적립하다 보면 이제 슬슬 5분으로는 아쉬워진다. 그러면 10분으로 늘리고, 다시 아쉬워지면 20분으로 늘리면 된다.

돈 들어온 뒤에
쓰는 습관

아주 오래전부터 현대 산업사회는 당신이 돈을 더 많이 쓰게 만드는 기술을 발전시켜왔다. 할부는 당신을 호구로 만드는 첫 번째 덫이다.

이미 쓴 돈을 메꾸기 위해서
일하고 있는 당신

신용카드가 생긴 이후부터 할부 구매는 현대 소비생활의 기본으로
자리 잡았다. 하지만 그럼에도 할부 구매의 본질이 겉모양만 바뀐
대출이라는 사실은 변하지 않았다. 할부는 앞으로 몇 개월 혹은 몇
년간의 내 미래로부터 돈을 빌리는 행위다. 돈은 현재의 내가 쓴 건
데, 그걸 갚는 일은 미래의 내가 감당해야 한다.

이 대출은 현금의 흐름도 바꾼다. 단지 미래에 들어올 돈을 미리
(그것도 조금씩 나누어서) 썼을 뿐인데 어느 순간부터 내 통장에 월급이

들어오자마자 사라져버리는 상황이 펼쳐진다. 그 시점은 사람마다 다르고, 매달 얼마나 버는지에 따라, 그리고 할부 구매액에 따라서 다르겠지만 할부 구매를 반복하다 보면 언젠가는 반드시 도래한다. 그때부터는 앞으로 쓸 돈을 버는 게 아니고, 내가 이미 쓴 돈을 메꾸기 위해서 일하게 된다. 그러면 지금 여기의 내가 내 경제생활의 주체에서 쫓겨난다. 그 자리를 과거에 질러버린 내 행적이 차지한다. 과거의 지름이 현재의 나를 쥐어짜는 상황이 펼쳐지는 것이다.

이렇게 살면 일해서 돈을 벌어도 뿌듯함이 희미해진다. 심한 경우에는 빚 때문에 어쩔 수 없이 일하는 경우도 있다. 이 모든 일이 벌어지는 이유는 단 하나다. 내가 벌 돈을 미리 좀 당겨썼다는 사실 때문이다.

내가 가진 돈만 지출해야 한다

이런 상황을 피하는 방법은 아주 간단하다. 내가 가진 돈만 쓰는 것이다. 꼭 사고 싶은 물건이 있는데 돈이 없으신가? 그 물건을 살 돈이 통장에 모일 때까지 기다리시라. 지금 당장 필요한 물건이 있는데, 현재 내 통장에는 그 값을 전부 치를 돈이 없는 경우는 어떻게 할까? 물론 그런 경우에는 할부 구매를 할 수도 있다. 하지만 나도 알고 여러분도 아시듯, 현실에 그런 경우는 거의 없다. 지금까지 A라는 물건 없이도 잘 살았는데, 지금 갑자기 그 A가 없으면 안 되는 경우가 얼마나 있을까? 그 물건이 없어서 불편하다면 더 열심히 돈을 모으시라. 그러면 더 빨리 구입할 수 있다.

내가 할부에 대해서 지극히 부정적인 까닭은 도덕이나 윤리적인 이유 때문이 아니다. 그게 세상에 이용당하지 않는, 호구가 되지 않는 방법이기 때문이다.

생각해보시라. 지난 수십 년간, 소비자들의 급여 평균은 아주 조금 올랐다. 그런데 경제는 성장했다. 기업의 매출이 늘었고, 시장에 유통되는 자금의 규모도 커졌다. 누군가 더 많이 사고 그만큼 더 많이 팔았다는 것이다. 어떻게 그게 가능했을까? 물론 가장 큰 이유는 수출이 늘었기 때문이다. 그러나 내수 시장도 수출만으로는 설명하기 어려울 만큼 커졌다. 복잡한 과정을 아주 거칠게 요약하자면 사람들이 대출을 받아서 할부로 자기 버는 것보다 더 많이 구매했기 때문이다.

하지만 아무도 당신이 할부 구매로 경제 성장에 기여했다고 감사해하지 않는다. 무엇보다, 그렇게 진 빚을 갚는 건 정부도, 기업도 아니다. 우리 자신이다. 정부가 경제를 성장시키려면 뭘 해야 하겠나? 노동자의 권리를 보장하고, 임금 협상권을 강화해서 급여를 올리고, 기업이 일자리를 늘리도록 힘을 써야 한다. 그런데 가만히 있어도 사람들이 알아서 자기가 빚을 내어가며 물건을 사주면 그럴 필요가 없다. 기업에 중소기업과의 공정거래를 강제하거나 중소기업 직원 급여를 인상하도록 힘을 쓸 필요가 없다. 지금까지 우리는 그렇게 스스로 빚쟁이가 되어가면서 정부의 버릇을 망치고 있었던 것이다.

할부를 포기해야
내가 소비생활의 주체가 된다

만약 우리가 딱 번 만큼만 쓴다고 하면 어떤 일이 벌어질까? 그게 얼마가 되더라도 월급 통장에 돈이 들어온 만큼만 쓴다면 말이다. 즉 번 만큼만 먹고, 통장에서 쓸 수 있는 만큼만 입고, (대출이 아니라) 연소득으로 거주비를 감당할 수 있는 곳에서 살고, 그 집에서 출퇴근을 할 수 있는 곳에서 일하는 것이다.

만약 그렇게 한다면 개인적으로는 일단 월급이 실재한다는 걸 확인할 수 있을 것이다. 월급날이 지나도 통장에 돈이 남아 있는 기적이 구현된다. 그리고 국가적으로는 내수가 계속 줄어들 것이다. 기업의 매출이 줄어들 것이고, 세수도 같이 줄어들 것이다. 기업이든 정부든 뭔가 해야 한다는 압박을 받을 때까지 계속 경제가 위축될 것이다 (물론 국민들은 이미 그 비슷한 일을 해왔다. 저출산이 그 예다. 하지만 저출산의 효과는 너무 늦게 나타나기에 기업들이 여전히 정신 차리지 못하는 중이다).

물론 신조어인 '시발비용'이라는 것도 알고 있다. 스트레스를 해소하거나 기분 전환을 위해 계획에 없던 즉흥적인 소비를 하는 것, 즉 이 고약한 세상에서 버텨내기 위한 심리적 보상의 가치를 모르는 것도 아니다.

하지만 그럼에도 할부를 포기해야 하는 건, 그렇게 하는 것만이 현재의 내가 내 소비생활의 주체가 될 수 있는 유일한 방법이기 때문이다. 그와 함께 자본주의 시장경제 시스템의 일원으로서 '나'라는 개인이 정부와 기업에 영향을 미칠 수 있는 방법이기 때문이다.

뭐 물론 주식이나 가상화폐로 대박을 친다면 현재의 내가 소비의 주체가 될 수 있겠다. 하지만 그런 사례는 극소수에 불과하다. 착한 기업의 물건을 사주는 것도 좋다. 하지만 그 물건을 할부로 구입한다면, 그건 정말 바보 같은 짓이다. 착한 기업의 성장도 일단 내가 존재한 다음에나 생각해줄 일이기 때문이다.

이 세상에서 제일 중요한 존재는 바로 '지금 여기의 나 자신'이다. 남을 돕는 것도 그게 결국 나를 돕는 길이기 때문이다. 기업의 경영은 그 기업의 책임이다. 당신이 제일 먼저 책임져야 할 것은 당신의 통장이다.

자본주의 사회에서 할부야말로 당신을 호구로 만드는 첫 번째 덫이다. 물론 그보다 더 심한 덫은 사금융 대출이겠지만, 그것도 결국 할부 구매로부터 시작된다. 그러니까 통장에 돈이 들어온 다음에, 그래서 그 돈이 온전히 지금 현재의 내 돈이 된 다음에 돈을 쓰는 습관을 키우시라.

내게 주어진 선을
가끔 넘어보는 습관

내게 주어진 선을 넘었는데 그게 옳았음을 인정받는 순간, 우리 마음속에는 평생 동안 누구도 흔들거나 부술 수 없는 자존감 한 조각이 만들어진다.

순응적 자존감과
경쟁적 자존감

'자존감self-esteem'은 18세기 영국의 경험주의 철학자 데이비드 흄David Hume이 처음 쓴 말이라고 한다. 자존감의 사전적 정의는 '자기 자신에 대한 긍정적 혹은 부정적인 평가, 그리고 그 평가에 대해 스스로 느끼는 감정'이다.

심리학자들은 이 자존감이라는 개념을 매우 좋아한다. 왜냐하면 자존감이 많은 것의 예측변인이기 때문이다. 어떤 사람의 자존감 수준을 알면 그 사람이 학교나 직장에서 얼마나 잘 해낼지, 얼마나 행복할지, 대인관계나 결혼생활에 얼마나 만족할지, 심지어 범죄에 빠져들 가능성이 얼마나 높은지도 예측할 수 있다. 자존감이 높은 사람일수록 자신을 더 발전시키고, 자신과 세상의 관계를 더 나은 방향으로 변화시키려는 동기가 강하다.

이 자존감을 키우는 방법은 크게 2가지이다. 하나는 주변 사람들로부터 인정과 칭찬을 받는 것이고, 다른 하나는 도전을 통해 자기 능력과 가능성을 스스로 확인하는 것이다. 심리학자 스티븐 핑커 S. Pinker는 이 2가지 요소를 순응적 자존감 Merger self 대 경쟁적 자존감 Seeker self 으로 구분했다.

첫 번째 요소인 '순응적 자존감'은 원만한 대인관계를 바탕으로 내가 얼마나 많은 사람들의 사랑을 얻고 동료로 받아들여지는지에 의해 결정된다. 이걸 얻기 위해서는 남들이 원하는 대로, 상황에 적절하게 내 행동을 맞추어나가는 것이 제일 중요하다.

그런데 자존감의 두 번째 요소, 즉 능력의 확인 혹은 '경쟁적 자존감'은 내가 정말로 남들보다 뭘 잘하느냐에 달려 있다. 자신이 해낸 것을 주변 사람들이 인정해주면 더 좋다. 하지만 그렇지 않더라도 스스로의 기준에 만족스럽거나 남들과 비교해봤을 때 내가 더 낫다면 그것으로 충분할 수 있다.

경쟁적 자존감은 반드시 남들에게 맞추어야 할 필요가 없다. 이 요소는 '선을 넘는 경험'을 통해 만들어지기 때문이다. 갓난아기 시절 우리는 온전히 부모에게 의존하고 순응했다. 순응적 자존감의 시대였다. 하지만 기저귀를 떼고, 걸음마를 하면서부터 경쟁적 자존감이 눈을 뜬다. 이때부터 남들이 못 해도 나는 할 수 있다고 믿으며 틈틈이 내가 어디까지 갈 수 있는지 그 한계를 시험하려 든다.

하지만 이렇게 세상을 들쑤시다 보면 반드시 선을 넘고, 사고를 치고, 혼나게 되어 있다. 그러면 다시 '선을 넘지 말아야 한다'는 자각에 눈을 뜨고, 남들 하는 대로 하기 위해 주변 눈치를 살피기 시작한다. 그러다가 자신감이 커지면 다시 남들이 넘지 않는 선을 과감히 넘어 본다. 이 과정을 반복하면서 우리의 세계는 조금씩 넓어진다.

세상이 내게 그어준 선을 넘었는데 그게 옳았음을 인정받는 순간!

자존감의 이 두 요소는 상호 보완재다. 남들의 평가에 의존해서 쌓아 올린 순응적 자존감은 사회생활에 필수 요소다. 하지만 이건 남들에게 달려 있다. 대중의 호감에 의존하는 유명 연예인들처럼, 남들이 나에 대한 마음을 바꾸는 순간 내 가치도 순식간에 전락해버릴 수 있다. 그래서 자기가 통제할 수 있는 경쟁적 자존감이 더 필요해진다. 그렇다고 남들의 평가나 시선을 무시하고 선을 마구 넘다 보면 삶이 비상식적인 방향으로 흘러가고 정작 이루어놓은 것의 가치를 평가받을 기회조차 놓칠 수 있다.

주변 사람들과의 조화는 매우 중요하다. 조직이 나에게 내리는 평가를 무시할 수도 없다. 하지만 오로지 그것에만 의지해 내 자존감을 쌓아 올리는 건 위험하다. 그건 정신건강에 위험할 뿐만 아니라, 자신이 성장할 기회를 스스로 박탈해버리는 길이다. 미국 작가 리타 메이 브라운R. M. Brown은 이렇게 말한다. "남들에게 순응하면 모두가 당신을 좋아해준다. 당신 자신을 빼고는."

우리 인생에 찾아오는 '진정한 자존감 경험의 순간'은 내 원래 능력과 모습을 있는 그대로 드러냈는데, 그것이 내게 중요한 사람들의 인정을 받는 순간이다. 달리 말하자면, 내가 과감하게 세상이 내게 그어준 선을 넘었는데 그게 옳았음을 인정받는 순간이다. 그 순간 우리 마음속에는 누구도 흔들거나 부술 수 없는, 평생 동안 유지될 자존감 한 조각이 만들어진다.

이런 순간이 얼마나 자주 일어나느냐에 따라 그 사람이 얼마나 건강한 자존감을 가지고 만족스러운 삶을 영위할 수 있는지가 결정된다. 그러려면 언젠가는 반드시 선을 넘어야 한다.

나의 꿈 부자 할머니

박지수 지음 | 17,000원

안정된 부를 일구고 많은 사람들에게 선한 영향력을 끼치는 노년의 모습은 누구나 꿈꾸는 모습이다. 그런 노년을 위해 나는 지금 어떤 준비를 하고 있는가? 이 책은 평범한 워킹맘인 주인공 지윤이 이웃의 부자 할머니 정여사와 대화하며 경제를 보는 관점을 배우고 돈에 대한 개념을 새롭게 하며 성장해가는 경제소설이다. 부자 할머니가 알려주는 실전 투자법과 철학을 체화한다면 또 다른 '부자 할머니'가 될 수 있을 것이다.

재물운이 따르는 사람들의 생활습관

돈이 모이는 재물운의 비밀

천동희(머찌동) 지음 | 19,000원

이 책은 구독자 11만의 풍수 전문 유튜브 채널 '머찌동의 머쩐공간' 운영자이자 국내 최대 규모 부동산풍수컨설팅 회사인 '(주)머찌동컴퍼니'의 대표인 저자가 3천여 명의 다양한 계층의 고객과 내담자들을 컨설팅하면서 깨달은 재물이 따르는 사람들의 공통적인 운의 원리를 담고 있다. 이 책에서 말하는 운이 자연스레 나를 좋아하게 만드는 비법들을 실천하면 어떤 상황에서든 재물운이 넘치는 행복한 사람이 될 수 있을 것이다.

주변에 사람이 모여드는 관계 맺기 습관

이쁘게 관계 맺는 당신이 좋다

임영주 지음 | 16,500원

이 책은 '모든 것이 관계'이고, 기본에 충실한 사람이 좋은 인간관계를 맺는다는 생각을 바탕으로, 기본과 인간관계를 강조한다. 저자는 관계 맺기의 시작부터 잘 끝맺는 방법에 이르기까지 '이쁜 관계 맺기'를 위해 배워야 할 기술들을 실제 사례를 통해 알려준다. 관계심리 전문가인 저자의 노하우를 따라 이쁘게 관계 맺기 연습을 한다면 타인에게 쉽게 상처받지 않고 자존감을 유지하는 등 실전에서 행복한 관계를 이어갈 수 있을 것이다.

돈 버는 독서, 몸값 올리는 독서법

저는 이 독서법으로 연봉 3억이 되었습니다

내성적인 건물주 지음 | 16,500원

22만 구독자를 보유한 유튜버 '내성적인 건물주'가 책을 냈다. 이 책에는 '서른 살 흙수저를 연봉 3억으로 만들어준 독서법'이 담겨 있다. 어떻게 책을 통해 일상에서 생각을 바꾸고, 바뀐 생각을 행동으로 옮김으로써 자기 몸값을 올리며 성공할 수 있는지에 대한 비법을 아낌없이 공개한다. 정말 책 읽기로 부를 일굴 수 있는지 궁금하다면, 저자가 실행한 대로 일주일만 따라해보자. 어제의 나가 아닌 새로운 나로 거듭날 수 있을 것이다.

감정에 쉽게 휘둘리지 않는 소통의 기술

마음을 얻는 남자의 대화법

성주원·김기덕 지음 | 16,000원

대화하는 방법만 바꿔도 삶의 질이 높아진다. 말 때문에 손해 보는 대한민국 남자들을 위해 부모교육전문가이자 소통전문가인 임영주 박사가 소통하는 방법을 알려준다. 행복한 인생은 가까이에 있는 사람과 어떤 대화를 하느냐에 달려 있다. 아프게 할 의도가 없었는데 상대가 내 말에 상처를 받았다고 한다면 억울해 하지 말고 더 늦게 전에 말 공부를 시작해야 한다. 이 책을 통해 남편으로서, 아빠로서, 소중한 이들과 더욱 행복한 시간을 함께 보낼 수 있을 것이다.

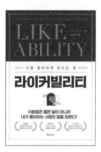

나를 좋아하게 만드는 힘

라이커빌리티

김현정 지음 | 17,000원

매력적인 사람은 곁에 있는 사람들로부터 도움을 받아 위기에서 쉽게 벗어나는 것은 물론이고 주변에서 사람들이 모여들어 성공에 한층 나아갈 수 있는 힘을 얻게 된다. 이 책은 수많은 현상에서 볼 수 있는 사람의 마음 작용을 정리하고, 이를 바탕으로 사람들이 '나'를 좋아하게 할 수 있는 사회적 기술을 알려준다. 사회적 기술을 익히고 마음의 작용을 이해하면 라이커빌리티가 높아진다. 라이커빌리티는 노력하면 누구나 가질 수 있다. 매력적인 사람이 될 수 있는 열쇠는 라이커빌리티에 있다.

글쓰기는 치유의 힘을 가지고 있다

명상하는 글쓰기

탁정언 지음 | 16,000원

이 책에는 '나'라는 존재에 대한 동서양 선각자들의 깨달음과 가르침, 현대 과학자들의 연구결과들이 다양하게 담겨 있다. 마음의 허상인 에고가 '나'인 줄 알고 그것이 이끄는 대로, 마음이 휘두르는 대로 위태롭게 살아왔음을 알아차리는 저자의 삶의 과정이 한 편의 소설처럼 단숨에 읽힌다. 간단하면서도 효과적인 '명상하는 글쓰기'를 통해 스스로를 이해하고 받아들임으로써 두려움을 극복하고 진정한 평온에 이르게 될 것이다.

미래를 결정할 십대의 좋은 습관 만들기

게으른 십대를 위한 작은 습관의 힘

장근영 지음 | 값 15,000원

이 책은 게으른 십대 시절을 보내고 심리학자가 된 저자가 자신의 경험을 토대로 알려주는, 습관이 가진 힘에 대한 이야기다. 심리학적 지식을 기반으로, 습관의 기본개념에서부터 생활습관, 마인드습관 등 인간의 행동심리와 갈망을 습관과 구체적으로 접목시키는 방식이 흥미롭다. 십대는 차츰 가족의 테두리에서 벗어나 자신만의 삶을 시작하는 시점이다. 작지만 좋은 습관들이 쌓여서 어느 순간 나의 삶을 충만하게 할 것이다.

■ 독자 여러분의 소중한 원고를 기다립니다 ────────

메이트북스는 독자 여러분의 소중한 원고를 기다리고 있습니다. 집필을 끝냈거나 집필중인 원고가 있으신 분은 khg0109@hanmail.net으로 원고의 간단한 기획의도와 개요, 연락처 등과 함께 보내주시면 최대한 빨리 검토한 후에 연락드리겠습니다. 머뭇거리지 마시고 언제라도 메이트북스의 문을 두드리시면 반갑게 맞이하겠습니다.

■ 메이트북스 SNS는 보물창고입니다 ────────

메이트북스 홈페이지 matebooks.co.kr

홈페이지에 회원가입을 하시면 신속한 도서정보 및 출간도서에는 없는 미공개 원고를 보실 수 있습니다.

메이트북스 유튜브 bit.ly/2qXrcUb

활발하게 업로드되는 저자의 인터뷰, 책 소개 동영상을 통해 책에서는 접할 수 없었던 입체적인 정보들을 경험하실 수 있습니다.

메이트북스 블로그 blog.naver.com/1n1media

1분 전문가 칼럼, 화제의 책, 화제의 동영상 등 독자 여러분을 위해 다양한 콘텐츠를 매일 올리고 있습니다.

메이트북스 네이버 포스트 post.naver.com/1n1media

도서 내용을 재구성해 만든 블로그형, 카드뉴스형 포스트를 통해 유익하고 통찰력 있는 정보들을 경험하실 수 있습니다.

STEP 1. 네이버 검색창 옆의 카메라 모양 아이콘을 누르세요.   STEP 2. 스마트렌즈를 통해 각 QR코드를 스캔하시면 됩니다.
STEP 3. 팝업창을 누르시면 메이트북스의 SNS가 나옵니다.